最短10時間で9割とれる 共通テスト現代文のスゴ技

宮下 善紀
Yoshinori Miyashita

はじめに

先日テレビを観(み)ていたら、こんなクイズが出題されていました。

「歴史上、虫歯が原因で死んだ人間がいる。　◎か？　×か？」

……考えるまでもありません。正解は「◎」に決まっています。

だって、正解が「×」なんて証拠VTRを、テレビ局が用意できるはずないでしょ？

《虫歯が原因で死んだ人間は一人もいない（＝×！）》という命題を証明するためには、全人類の死因を一人残らず調べなければなりませんし、そんなことは現実的に不可能です。したがって、正解は「◎」以外にあり得ないのです。

この本は、そうした**カシコイ「頭の動かし方」を鍛える参考書**です。

私は共通テスト現代文で、必ず満点をとります。今年も、来年も、再来年もです。

それは、私が山ほど本を読んでいるからではなく、頭がよいからでもなく、顔がカッコイイからでもなく、「頭の動かし方」が上手だからです。

「え？　10時間で9割？　……うさん臭〜い！」

……わかりますわかります（笑）。まさか「国語」が、そんな短期間で伸びるわけありませんよね！　だって、「国語」だもんね！　そんなことできたら、誰も苦労しませんよね！

本書は残念ながら、「真の国語力（？）」を0から100まで引きあげる本ではありません。ただ、**「共通テスト現代文」で9割とれるメカニズム――速くて確実でカシコイ「読み方」「解き方」「選び方」――を、10時間かけて楽しくわかりやすく説明する参考書**です。

もちろん、学んだ技術（メソッド）を定着させるためには、**10時間「＋α」の反復練習**（過去問演習）が欠かせません。でも、方法論がしっかり身についた頃には、**「現代文は、絶対に9割とれる科目だ（むしろ、とらなきゃもったいない！）」**と確信できるはずです！

じつはこのうさん臭いタイトルは（……自分で言っちゃってる）、この世に類を見ない特別な参考書を生みだしたという、私の自信と覚悟の表明なのです！（ドドーン！）

さすがに今からじゃ間に合わない、と諦めかけているキミ。現代文は「運ゲー」だからしょうがない、と開き直っているキミ。たまたま8割とれた思い出を「実力」だと言い聞かせ、現実から目を背けているキミ。**本番で、本当に9割とって、友達や家族や先生をマジでビックリさせてみませんか？**　たったの10時間で「奇跡」を……いいえ、「必然」の結果を勝ちとりましょう！　この本が、キミにとって特別な出会いになることを信じています。

RGBサリヴァン・現代文講師　宮下善紀

目次

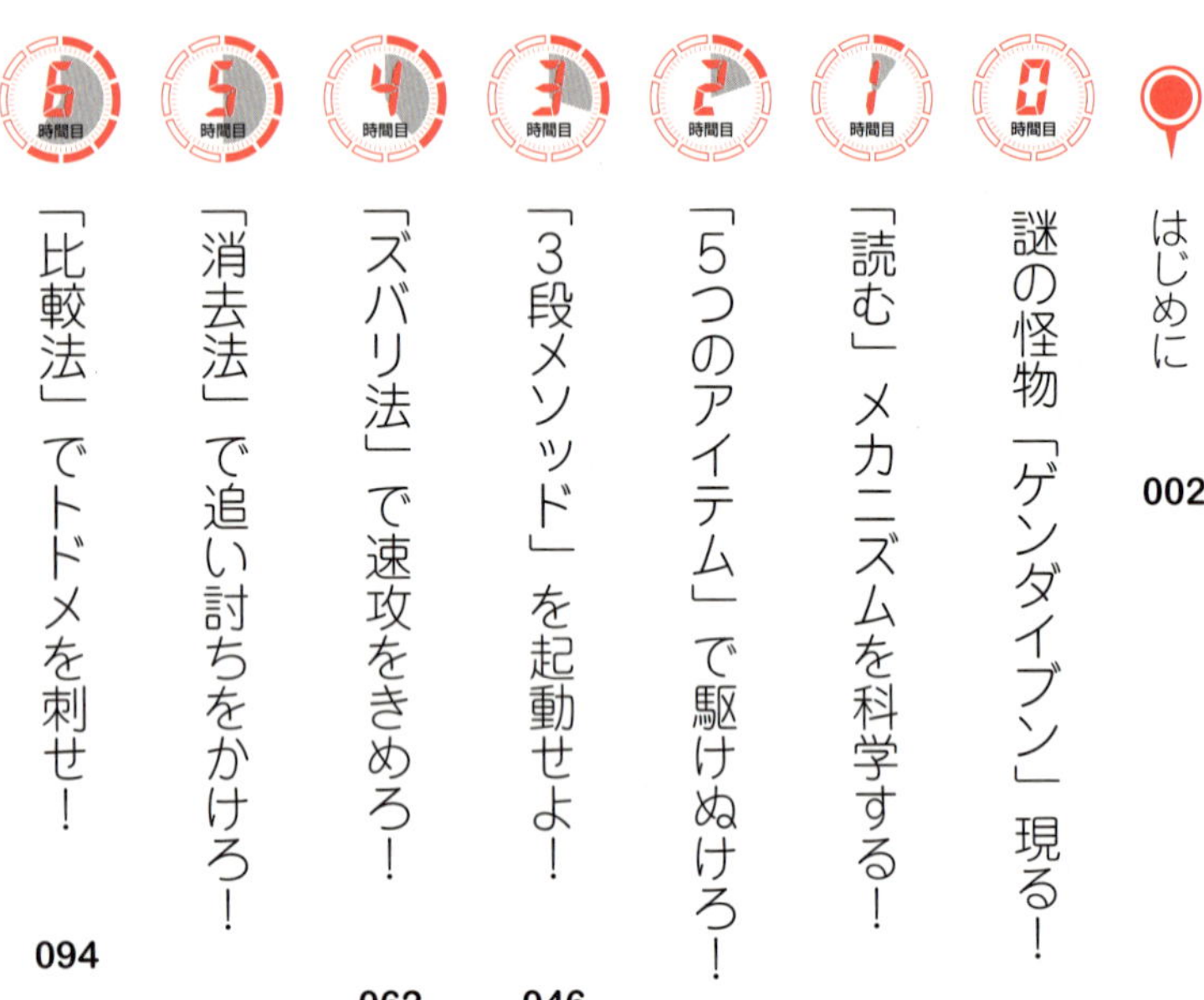

本文イラスト・たはらひとえ

謎の怪物「ゲンダイブン」現る！

Ex UP

緊急アンケート　「現代文って、どんな科目？」

早速ですが、「現代文」についてキミが共感できる項目をチェックしてみてください！

□①「勉強すれば伸びる……という気がしない。」
□②「最後はセンスとか直感で決めるしかない。」
□③「0点にはならないが、満点は永久にムリ。」
□④「点がとれる時ととれない時の波が大きい。」
□⑤「答えが一つとは限らないから、ムカつく。」
□⑥「二つまで絞って、いつも最後に間違える。」
□⑦「最後はいつもギリギリで時間が足りない。」
□⑧「本とかあんまり読んでないから、ヤバい。」

どうでしたか？　ちなみにこの8項目は、私が受験生のときに抱いていた「現代文」に対する印象です。5つ以上チェックした人は、私と気が合うかもしれません！　勉強しなくても**「そこそこ」とれちゃう**現代文。勉強しても**「まあまあ」以上はとれない**現代文。そんな〝謎の科目〟現代文で、9割とるのがわれわれの目標です！　敵を倒すためには、まず、敵の正体を〝知る〟ことが大切です。

「知ること」＝「分けること」。「分けること」＝「分かること」！

では早速、謎の怪物「ゲンダイブン」を、丸ハダカにしてやりましょう！

ワレヲ読解セヨ…
ゲンダイブン
なんじゃこのボスは！
ポーイ
読む！
本文
設問文
解く！
選ぶ！
選択肢
1匹ずつなら…！

謎の怪物「ゲンダイブン」

しかしその正体は……

《本文》を**「読む」**／**《設問文》**を**「解く」**／**《選択肢》**を**「選ぶ」**

3種類の文に対して、3種類の違う作業が要求されていたわけです。どうりで難しいわけだ。

「現代文＝読解力！」なんて、短絡的に考えている人も多いですが、「読む」作業と「解く」作業と「選ぶ」作業は、明らかにタイプが違います。

「読めれば自動的に解ける！」ってほど、現代文は簡単ではないし、「解ければ自動的に選べる！」ってほど、現代文は単純ではない！

もちろん、本文をちゃんと「**読めていない**」から、解けないのかもしれません。

でも実際は、そこそこ読めているけど、ちゃんと「**解けていない**」のかもしれないよ？

あるいは、ちゃんと解けているくせに、上手に「**選べていない**」だけかもしれないよ？

「読む」「解く」「選ぶ」という作業に**きちんと分け**、それぞれ**順番にスキルアップしていこう！**　というのが、この参考書の基本コンセプトです。タイムリミットは10時間。各章で武器(アイテム)を手に入れ、技術(スキル)を磨き、謎の怪物「ゲンダイブン」の完全征服を目指しましょう！

10時間の「現代文探求（クエスト）の旅」へ旅立つキミたちへ

冒頭のアンケートですが、現在の私なら、すべての項目を「ノーチェック×」にします。
……それはなぜか？　これから10時間のクエストへ旅立つキミへのメッセージを込めて、8項目一つひとつに回答してまいります。

□①「勉強すれば伸びる……という気がしない。」×

➡これは、学校の「国語」と入試の「現代文」とを混同したところからくる偏見です。

学校の「国語」＝
・既読の教科書から出題される。（試験範囲アリ）
・豊かな「感受性」や自由な「表現力」の育成を目指す教育。

入試の「現代文」＝
・未読の文章をその場で読解する。（試験範囲ナシ）
・設問に対する、たった一つの「正解」を答える作業。

「**国語**」と「**現代文**」は、**まったくの別種目**なのです。「国語」は小学校からすでに10年間も勉強してきていますが（超ベテラン！）、「現代文」の正式な勉強は、**今、ゼロからスタートする**と考えれば、どうですか？　キミには無限の伸びシロがあるのです！

□②「**最後はセンスとか直感で決めるしかない。**」×

⬇入試科目のなかで現代文だけが、センスとか直感とか霊感といった、謎のオカルト・パワーを測定するテストであるはずはありません。とくに共通テスト現代文は、国語よりも算数に近い科目だと思います。「公式（メソッド）」を使って手順通りに処理していけば、**誰でも必ず同じ正解にたどり着ける（はず）**！　現代文は、**論理的な「パズルゲーム」**なのです。

□③「**0点にはならないが、満点は永久にムリ。**」×

⬇暗記系科目の「答え」は、キミの《頭のなか》に〝ある〟か〝ない〟かの勝負になります。つまり、本当に全部暗記してしまえば満点がとれるわけですけど、逆に覚えてなきゃアウト。それに対して、**現代文の「答え」は、目の前の《本文中》に必ず〝ある〟**のです。必ずです！　それってつまり、現代文こそ全員に平等に満点のチャンスがある、スーパーおいしいラッキー科目だということ。むしろ満点とらなきゃ、超もったいない！

□④「**点がとれる時ととれない時の波が大きい。**」×

⬇「②か④か……。ここは②！　いや④！　逆に②？　あえて④？」……二つの選択肢で迷った場合の正解確率は、基本的に50％です。4問で迷ったら、平均で2問間違える計算です。得点の「波」の正体は、**ギャンブルが多めに当たった（運がよかった）ときと、多めに外れた（運が悪かった）ときの差**でしかありません。ところで、どんなスポーツも、まずはしっかり「フォーム」を固めることが肝要ですよね。現代文も同様に、「**読む手順**」「**解く手順**」「**選ぶ手順**」をきちんと固定することにより、**得点力は高いレベルで安定する**のです。

□⑤「**答えが一つとは限らないから、ムカつく。**」×

⬇ここは潔く、「答えは一つしかない！」というところから逆算していきましょう。答えが一つしかないということは、そこには必ず「根拠」があるはずです。**根拠のない選択肢に、正解の権利はない**のです！　極論すれば、「答え」を決めることよりも、「答えの根拠」を探すことこそが、現代文を解くことの本質なのです。

□⑥「**二つまで絞って、いつも最後に間違える。**」×

⬇せっかく二つの選択肢にまで絞って、最後の最後に間違えてしまうということは……**二つに絞ったところからが、本当の勝負のはじまり**なんじゃないですか？　「惜しい～」「悔しい～」なんて言葉で自己満足していてはいけません。きちんと最後まで選びきる、「**高い技術力**（**3段メソッド**）」と「**強い精神力**（**プライド**）」を育んでいきましょう。

□⑦**「最後はいつもギリギリで時間が足りない。」**×

⬇速度に自信がない人も、まずは本書をじっくり読みこんでください。攻略の手順（3段メソッド）を身につければ、「解くスピード」は自ずと上がります。その後は、過去問を使ってタイム・トライアルを繰りかえしましょう。ちなみに〔①**漢文15分**／②**小説**（**文学的文章**）**20分**／③**評論**（**論理的文章**）**25分**／④**古文20分**〕これが、おすすめの攻略スケジュールです。例えば「評論」の場合、本文を7分で読んだら、残りは18分ですから、《**一問＝3分**》が基準となります（「小説」はもっとキビシイ！）。**通過タイムを計測しながら、時間内に解ききるスピード感を体得**してください！

□⑧**「本とかあんまり読んでないから、ヤバい。」**×

⬇「読むスピード」は、**読書量**と、そこで培われる**語彙力**によって磨かれます。本書では巻末資料として『現代文重要単語』を掲載しております。全部暗記したら、**約2年分の読書量を一気にカバー**できます。本編と併行し、10時間以内に詰めこんでください（『マーク式頻出漢字』もね）。読解の速度と精度が、劇的に変化することを実感できるはずです！

さあ、心の準備はいいですか？　**感動の10時間クエスト**へ、いざ出発です！

本書の特徴と、有効な使い方

　本書は、**共通テスト現代文で9割以上とるための「方法」を、最短10時間で習得できる参考書**です。フィギュアスケートにたとえると、10時間で「トリプルアクセルの飛び方」を教えるような本です。この本に書かれている通りに実行すれば、なんと、誰でも必ずトリプルアクセルが飛べるようになるのです！　ただし、本番の五輪のリンクで完璧に成功させるためには、反復練習が必要です。

　本書も読破したあと、共通テストやセンター試験の過去問を解きまくり、メソッドの完全習得を目指してください。最初はあまり時間を気にせず、本書で学んだ**メソッドをきちんと運用することを最優先**して解きましょう。すなわち、**ゆっくりでよいから完璧に満点をとる練習**をするのです。（ここで70％を下回るようでしたら、本書をもう一度最初から読み直しです！）ある程度の手応えをつかんだら、いよいよタイム・トライアル。《**評論**（**論理的文章**）＝**25分**》《**小説**（**文学的文章**）＝**20分**》を基準に、各設問の通過タイムを計りながら、**制限時間内に解き終わるペースを身体で覚えましょう**。限られた時間のなかで、最高のパフォーマンスを発揮してください。

　さて、新たにはじまった「共通テスト現代文」ですが、今のところ「センター現代文」の形式・方針をマイナーチェンジした感じで落ち着いています。したがって本書では、センターの良問・難問を使って「**読み方・解き方の基本**」を学び、そこへ共通テストならではの「**新傾向への対策**」をプラスしていきます。

- 1時間目～2時間目　評論・小説の「読み方」（線引きアイテム）
- 3時間目～6時間目　選択肢問題の「解き方」（3段メソッド）
- 7時間目～8時間目　「文学的文章」の攻略法
- 9時間目～10時間目　「共通テスト・最終問題」の攻略法

　最後に、この『最短10時間で9割とれる　共通テスト現代文のスゴ技』ですが、さらっと流すと2～3時間で読みおわります。すると、なんだか「当たり前のこと」しか書かれていないように見えてきます。また、部分的に読むと、技の習得効率がガクンと下がります。なぜなら、本書は「**1時間**」**ごとに技術**（メソッド）**や武器**（アイテム）**が身につき**、**段階的に成長するように作られている**からです。ですから、本書は毎日1～2時間ずつ、コツコツ読みすすめるのが効果的です。

　では10時間だけ、100％信じてついてきてください！

「読む」メカニズムを科学する!

そもそも「読解力」って、何だろう?

受験勉強に疲れはて、おもむろにイスから立ちあがり、用もないのに近所のコンビニまでフラフラと出かけてしまう力……あ、これは「どっか行く力(りょく)」だった! ぐは!

「**読解力**」とは、「**文章を読んで、その意味・内容を正しく理解する力**」のことです。これは本来、日々の読書のなかで次第に培われていく能力ですから、単純に……

「読解力の高い人」≒「本をたくさん読んでいる人」

ということがいえそうです。「**やべー、まともに読んだのハリポタだけだ!**」というキミ、残念ながら、出遅れまくりです。とはいえ、今から毎日読書習慣を身につけるなんて精神的にも肉体的にも余裕のないキミに、果たして勝ち目はあるのでしょうか……?

「読解力の高い人」たちと勝負するために、彼らはいったい何がスゴいのか？　その能力を分析してみましょう。

「読解力の高い人」とは、本文の内容を**「正確に」「高速で」「上手に」読むことができる人**です。そういった能力を、本も読まずに？　短期間で？　なるべくラクして手に入れたい？

いやいやいや、さすがにそんな虫のいい話が……あるんです。あるっちゃあ、あるんです！

それはズバリ！**「現代文重要単語」の暗記**と、**「線引き」の技術マスター**です！

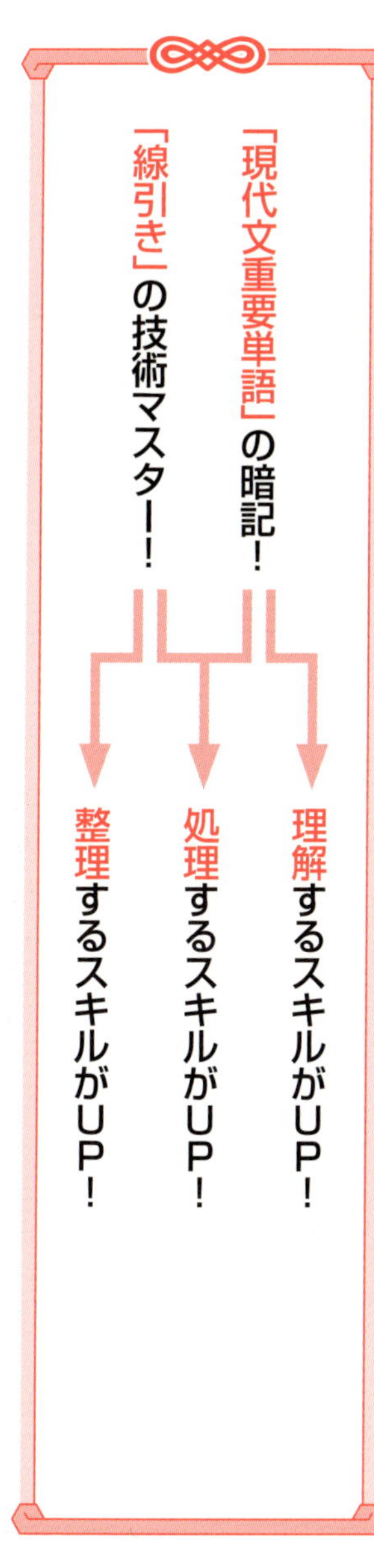

難しい「文章」も、所詮は「語句」の集まり

まず「現代文重要単語」のお話から。

入試で扱われる評論の多くは、高校生に読んでもらうために易しくかみ砕かれた文章ではありません。評論家や大学教授が、大人の読者に向けて書いた……いわば「**意識高い大人の**・**意識高い大人による**・**意識高い大人のための文章**」ですから、なんだかコムズカシイ語句や抽象的な表現が、こちらの事情も考えず、これ見よがしにポコポコ登場してくるわけです。

そうしたいわゆる「現代文重要単語」を「なんとな〜く」で読んでいると、積もり積もって、**本文全体も「なんとな〜く」のレベルでしか読解できない**のです。

「語句」をきちっとインプットすれば、**読解の「速度」と「精度」は同時に、確実にレベルアップします**！ そんなこと、英語や古文の単語で経験済みでしょ？

難しい「文章」も、所詮は短い「文」の集まりです。**難しい「文」も、所詮は小さい「語句」の集まり**です。巻末資料の「現代文重要単語」と「マーク式頻出漢字」を10時間以内に丸暗記してください。文章を読む〝次元〟が劇的に変化するはずです。

次元が変わる!? 「最重要単語集」

現代文重要単語のなかでも、「これを知らなきゃ受験する資格ナシ！」といえる、Sランクの5項目をセレクトしました。いずれも**論理展開の〝基軸〟となる特別な語句**です。「だいたい知ってる」なんて程度じゃ通用しません。しっかり読みこみ、「誰かに説明してあげたい！」と思えるレベルまで完璧に習得すれば……「評論」を読むのが楽しくなりますよ！

《1》「観念」／「概念」

【観念】＝物事に関して、頭のなかに抱く考え・イメージ。

【概念】＝物事のだいたいの意味（考え）を、言葉で表したもの。

○桜に関する主観的なイメージ（春・入学式・森山直太朗など）＝**【桜の観念】**

○「バラ科サクラ属の落葉高木の総称」といった、一般的な定義＝**【桜の概念】**

※【観念的】＝頭のなかだけで考え、現実に即していないさま。

※「観念」「概念」とも、「物事に関する考え」という意味では共通して使われる。「時間の――」

《2》「絶対」⇔「相対」

【絶対】＝**他とは関係なく、**それ自体で**成立すること。**

【相対】＝他との比較・関係において、**成立すること。**

○「私は、いつか必ず死ぬ」⬇他者と比べなくても、単独で成立する事柄＝**【絶対】**

○「私は、現代文が得意だ」⬇他者や他教科と比べて初めて成立する事柄＝**【相対】**

※【相対化】＝一つを絶対視せず、比較できる状態へと「**それぞれ横並び化**」すること。

※【文化相対主義】＝諸文化を、それぞれ独自の価値体系を持つ対等な存在として捉える態度。

《3》「普遍」⇔「特殊」

【普遍】＝**時間空間を超えて、**すべてに共通である**こと。**広く行きわたっている**こと。**

【特殊】＝**他と異なること。個々それぞれの事情やあり方。**

※「普遍」と「特殊」は単なる対立概念ではない。例えば、「**食べること**」自体は人間にとって「普遍的」なことだが、「**食文化**」にはそれぞれ「特殊」な部分がある。さらには「**グローバル化**（**普遍化**）**に対する、地域性や個性**（**特殊性**）」といった、相関関係で捉える必要がある。

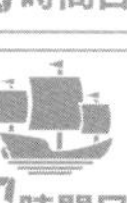

《4》「主観」⇕「客観」

【主観】＝その人独自の、**事物の見方・考え方。**

【客観】＝**主観から独立し、**誰もがそうだと納得できる、**事物の見方・考え方。**

○「このお湯は、結構ぬるい」⇩その人だけの、物の見方・考え方＝**【主観】**

○「このお湯は、摂氏38度だ」⇩誰もが納得できる、数値やデータ＝**【客観】**

《5》「具体」⇕「抽象」

【具体】＝事物が明確な形態を備えている**こと。**

【抽象】＝**それぞれの特殊な要素は切りすて（＝捨象）、事物から**共通点**だけを抜きだし、大雑把にまとめる（＝概念化する）こと。**

※【具体的】＝形がはっきりしているさま。実体が明確に存在しているさま。

※【抽象的】＝大雑把で形がはっきりしないさま。現実性を欠いているさま。

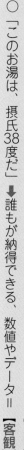

抽象的 動物▼哺乳類▼犬▼チワワ▼ハナちゃん 具体的

ここまでしっかり理解できたら、次の**ミッション⓪①**に挑戦です！

ミッション 01

次の文章を読んで、後の問いに答えよ。

科学は具体的な経験の一面を抽象し、抽象化された経験は、他の同類の経験と関係づけられて分類される。このように抽象化され、分類された経験は、原則として、一定の条件のもとでくり返えされるはずのものである。したがって科学は、法則の普遍性について語ることができるのである。たとえば一個の具体的なレモンは、その質量・容積・位置・運動等に還元されることによって、（その他の性質、たとえば色や味や産地や値段を捨象されることによって）、力学の対象となり、またその効用や生産費や小売価格などに還元されることによって、（その他の性質、たとえば位置や運動量などを捨象されることによって）、経済学の対象となる。力学や経済学は、具体的なレモンについてではなく、抽象化された対象について、その対象が従う法則をしらべるのである。

文学は具体的な経験の具体性を強調する。具体的な経験は、分類されることができない、またけっしてそのままくり返えされることもない。分類の不可能な、一回かぎりの具体的な経験が、文学の典型的な対象である。梶井基次郎の「レモン」の経験は、その色、その肌触り、その手に感じられる重みのすべてにかかり、それを同じ質量の石によって換えることもできないし、それを同じ値段の他のレモンで換えることもできない。彼が必要としたのは、レモン一般ではなくて、いわんや固体一般でも、商品一般でもなくて、そのレモンである。そしてその日、そのところで、そのレモンによる経験は、たとえ同じレモンによっても、別の日、別のところで、ふたたび経験されることのないものである。すなわちその経験に関して、法則をつくることができないのは、いうまでもない。そのレモンのそのレモンたる所以にもとづく経験――具体的で特殊な一回かぎりの経験は、科学の対象にはならない。まさに科学が成りたたぬところにおいて、文学が成りたつのである。文学の表現する経験は、科学の扱う対象から、概念上、はっきりと区別することができる。

（加藤周一『文学とは何か』による）

問　傍線部「まさに科学が成りたたぬところにおいて、文学が成りたつのである」とあるが、なぜそのようにいえるのか。その説明として最も適当なものを、次の①～⑤のうちから一つ選べ。　難易度★☆☆☆

① 文学は経験の抽象化にかかわるものであって、法則化された普遍的な科学とはまったく無関係なものである。

② 文学にとって重要なのは経験の個別性、特殊性であり、それは科学的抽象化、法則化とは相反するものである。

③ 文学的立場からは、この世に同じレモンは存在しないが、科学的見地からは、全てのレモンは同じレモンである。

④ 文学は個別的で特殊な経験を表現するものであり、科学のように世界全体と普遍的にかかわるものではない。

⑤ 文学が経験の法則化を通じて追求する人生の真の姿は、科学によっては探究することの不可能な世界である。

「現代文最重要語句」をグループ分けして、完全理解

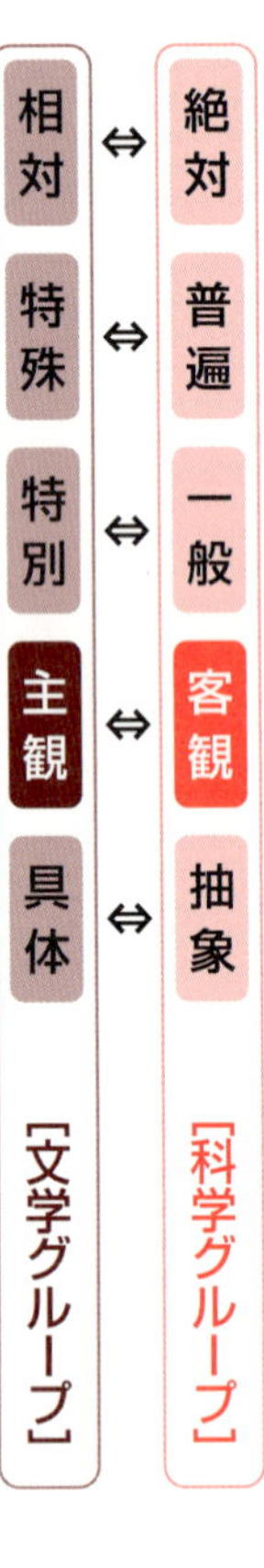

「主観」**は**「**絶対**」**か**？「**相対**」**か**？　例えば自分が大好きな音楽は、ついつい「絶対いいに決まっている！」と思いがちですが、「自分の好み（＝主観）」は、そもそも「特別」で「特殊」なものであり、Aさん・Bさん・Cさん・宮下さん……といった、**横並びのうちの一つの意見**に過ぎません。したがって、「主観」は「絶対」ではなく「相対」**的なもの**なのです。

それに対して「客観」的によい音楽とは、いわゆる〝**数字的に売れている音楽**〟として「一般」に広く支持されているものです。国境を越え、時代を超え、人類全員が「めっちゃいい！」と感じるなら、それは「普遍」的で「絶対」に素晴らしい音楽といえるかもしれません。しかし実際は、モーツァルトでもビートルズでもその領域にまで到達するのは不可能でしょう。

「普遍」と「絶対」は、100%断定的な非常に強い言葉なのです。

「**科学**」は「主観」を完全に排除し、誰もが納得できる「客観」的データから「普遍」的な法則を導きだし、いつ誰がやっても「**絶対**」同じ実験結果が出るという説得力から、世界中へと広まりました。それに比べれば、文学も芸術も宗教も恋愛も受験も……**われわれを取りまく価値観の多くは、「主観」的で「相対」的なものに過ぎない**のでしょう。

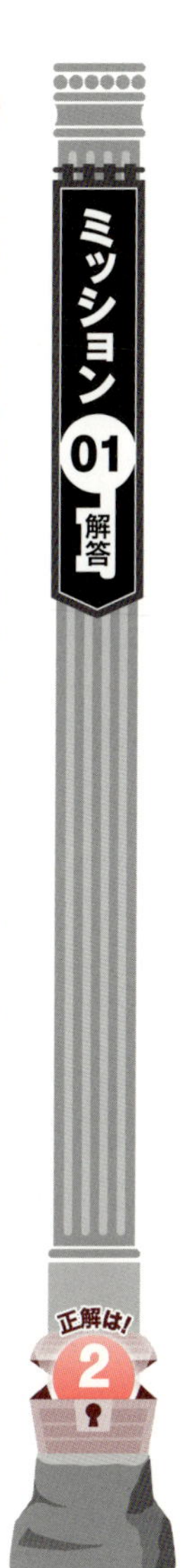

①は「**文学＝経験の抽象化にかかわる**」が×。文学は「具体性」に注目するのです。

②は「**文学＝個別性・特殊性（＝一回かぎり）**」「**科学＝抽象化・法則化**」ということで、対比構造はバッチリ。これが正解！

③は「**科学＝全てのレモンは同じレモン**」という定義が断定で×。例えば力学では、120gと130gのレモンは別物だし、経済学では、スペイン産と広島産のレモンは別物です。

④は「**科学＝世界全体と普遍的にかかわる**」が、ここではナシで×。

⑤は「**文学＝経験の法則化を通じて……**」が×。「法則化」は科学側のキーワードです。

いよいよ「線引き」に挑戦です

それでは今回のメインテーマ、本文の「線引き」をレクチャーしていきましょう。

「線引き」というのは、**本文の〝大事な部分〟に線を引きながら読みすすめる作業**のことです。**〝大事な部分〟**というのを、もう少し具体的に説明すると……

【評論（論理的文章）】

筆者の主張［筆者の言いたいこと⊕に——を引く］

キーワード［読解のポイントとなる語句を◯で囲む］

【小説（文学的文章）】

感情描写［登場人物の思ったこと・感情に——を引く］

登場人物名［初登場の登場人物は、忘れず◯で囲む］

※［⊕⊖の表記］

「⊕」＝①よいこと。②筆者の言いたいこと。

「⊖」＝①悪いこと。②筆者の言いたくないこと。

評論は「**筆者の主張**」に、小説は登場人物の「**感情描写**」に線を引いていきます。なぜそこに「線引き」するのかというと、それには二つの理由があります。

①効率よく「読む」ため！

⬇「どうでもいい部分」をサクサク読みながし、「**要点**」**だけを狙って線引きできれば、全体の論旨や展開がとても理解しやすくなります**。さらに、2時間目で習う「**5つのアイテム**」を使えば、**対比や因果関係などの構造把握も容易になります**。

②効率よく「解く」ため！

⬇現代文の設問では、本文の内容の理解度、つまり「**筆者の主張**」や「**登場人物の感情**」を正しく読めているかどうかが試されます。まさに、「**線引き**」**した箇所が、そのまま解答に直結するという仕組みなのです**。

つまり、「**線引き**」は……

「読む」ための技術（メソッド）であり、「解く」ための武器（アイテム）なのである！

「筆者の主張」をコンパクトに把握

共通テスト現代文では、「**評論**（**論理的文章**）」「**小説**（**文学的文章**）」に限らず、「**実用文**」「**資料**」「**エッセイ**」「**詩**」など、さまざまなタイプの文章が出題される可能性があります。本書の9時間目で対策をまとめますが、とにかく「**評論**」**の線引きをしっかりマスターすれば**、**どんな文章でも柔軟に対応していけるようになります**から安心してください！

さて「評論」といいましても、筆者は「**主張**（**言いたいこと**）」ばかりを書きまくっているわけではありません。「理由（根拠）」を説明したり、「たとえ（具体例）」を並べたり、「反対の考え（対立概念）」と比べたりして、自分の主張を強調していきます。すなわち、わりと「どうでもいい部分」を軽く読みながし、「**大事な部分**（＝**筆者の主張A**）」**だけを狙いうち**（＝**線引き**）することで、本文全体の内容を単純化できるのです！

私は、A⊕だと考えています！
なぜなら、○○○○だからです。
例えば△△や□□があります。
だからやっぱりA⊕なのです！
たしかにB⊖も考えられます。
しかし、**A⊕が重要なのです**！

「線引き」マスターへの道

《1》「力が込もった部分」に、力を込めて線を引く！

読者に伝えたい内容は、筆者も気合を入れて書いてきます。そのメリハリを感じとりながら、**なんだか力が込もった部分に、力を込めて線を引いてみてください！**

……ちょっとバカっぽいアドバイスに見えますが、これがメチャクチャ効果的なトレーニングとなります。目線をシャーペンで追いかけ、あえて〝引きすぎる〟ぐらい、強気で攻めてください。

《2》「引かない部分」を意識し、スイスイ読みながす！

反対に、線引き不要な部分を理解しましょう。まず「**具体例**」や「**他者の言葉の引用**」などは軽く読みながし。また、わかりきった「**同内容の繰りかえし**」も、丁寧に線引きする必要はありません。そして、筆者と「**反対の考え**（**対立概念㊀**）」を意識的に避けていけば、「筆者の主張」はより明確に浮かびあがります。つまり、段階的に「**線引き**」を**減らす努力**をしてほしいのです。線を「引く箇所（ブレーキ）」と「流す箇所（アクセル）」の差をハッキリつけることで、読解のクオリティがグ～ンと上がっていきます！

ミッション02

次の文章の筆者の主張に「線引き」をしなさい。

古来からある神話を、事象の「説明」であると考え、未開の時代の自然科学のように誤解したため、神話や昔話などの価値を近代人はまったく否定してしまった。確かに自然科学によって、自然をある程度支配できるようになったが、それと同じ方法で、自分と世界とのかかわりを見ようとしたため、近代人はユングも指摘するように、貧しい生き方、セカセカした生き方をせざるを得なくなったのである。

もちろん、だからと言ってわれわれはすぐに、プエブロ・インディアン(注1)のコスモロジー(注2)をそのままいただくことはできない。われわれは既に多くのことを知りすぎている。われわれとしては、自分にふさわしいコスモロジーをつくりあげるべく各人が努力するより仕方がないのである。われわれは、エレンベルガーの表現を借りるなら、自分の無意識の神話産生機能に頼らねばならない。しかし、そのことをするための一助として、古来からある神話や昔話を「非科学的」「非合理的」ということで簡単に排斥するのではなく、その本来の目的に沿った形で、その意義を見直してみることが必要であろう。

（河合隼雄『イメージの心理学』による）

（注）1　プエブロ・インディアン——北アメリカ南西部に居住する先住民族の総称。
　　2　コスモロジー——世界観・宇宙論。

古来からある神話を、事象の「説明」であると考え、未開の時代の自然科学のように誤解したため、神話や昔話などの価値を近代人はまったく否定してしまった。確かに自然科学によって、自然をある程度支配できるようになったが、それと同じ方法で、自分と世界とのかかわりを見ようとしたため、近代人はユングも指摘するように、貧しい生き方、セカセカした生き方をせざるを得なくなったのである。

もちろん、だからと言ってわれわれはすぐに、プエブロ・インディアンのコスモロジーをそのままいただくことはできない。われわれは既に多くのことを知りすぎている。われわれとしては、自分にふさわしいコスモロジーをつくりあげるべく各人が努力するより仕方がないのである。われわれは、エレンベルガーの表現を借りるなら、自分の無意識の神話産生機能に頼らねばならない。しかし、そのことをするための一助として、古来からある神話や昔話を「非科学的」「非合理的」ということで簡単に排斥するのではなく、その本来の目的に沿った形で、その意義を見直してみることが必要であろう。

いい感じで引けましたか？　「線引き」は単純に、**やればやるほど上達します**から、今後も積極的に継続してください！　2時間目では、右の「しかし」「ではなく」など、線引きのクオリティを引きあげる「**5つのアイテム**」を紹介していきます。

標識（接続語）に従って快適ドライブ

2時間目では、線引きに便利な記号（アイテム）を学習します。接続語を記号化することで、**文章を構造的に捉える力が身につき**、**筆者の主張も押さえやすくなります**。覚える記号はたったの5つ！　意味・用法を理解して、いつでも使えるレベルにまで引きあげましょう。

《1》順接【A→B】原因（A）と結果（B）を、順当につなぐ接続

（だから・したがって・それゆえ・ゆえに・その結果・そのため……など）

雨が降ってきた。だから、体育祭は中止になった。

○順接は、上から下へ「内容がワンステップ、前に進む」というイメージで、エレベーターの下行きボタン「▽」で囲みます。

《2》逆接【A⇔B】直前（A）と、逆の内容や展開（B）をつなぐ接続

（しかし・だが・が・ところが・けれども・とはいえ・にもかかわらず……など）

雨が降ってきた。しかし、体育祭は決行された。

○逆接は、「ここから先は、逆の内容が来る（アゲインスト！）」というイメージで、エレベーターの上行きボタン「△」で囲みます。

《3》要約【A＝B】直前（A）を、言いかえ（B）たり説明（B）したりする接続

（つまり・言いかえると・要するに・すなわち・いわば・逆に言うと……など）

雨が降ってきた。つまり、雨天である。

○要約の前後は「同内容」すなわち、筆者が繰りかえして述べる「重要な内容（主張）」が来る可能性が高いです。「⇩」マークで囲み、前後とも要チェックです。

《4》ではなく構文【A＜B】一般論（A）と対照させ、主張（B）を強調する構文

（ではなく・でなく・むしろ・よりも・だけでなく・ばかりか……など）

雨ではなく、嵐と呼ぶのに相応しい天候である。

○「ではなく」は、「この後こそ大事な内容だ」という目印です。「～～」を引いて直後に注目です。「むしろ」「よりも」も同じグループです。なお「だけでなく」も、直後が焦点となる場合が多いので、同様の扱いでOK。

《5》並立・対比【A―B】同レベルの内容（A／B）を、並立・対比させる語句

（また・さらに・それに対して・一方は（他方は）・前者は（後者は）……など）

京都は雨である。それに対して、北海道は雪である。

○「AまたB」「Aそれに対してB」「一方はA／他方はB」など、並立関係や対比関係を示す語句に「‖」を引き、構造的に把握しよう！

2時間目の スゴ技!!

「5つのアイテム」で、次の展開を予測変換

「フランス人はパンを食べる。それに対して……」とくれば「日本人は米を食べる。」と続きそうですよね。接続語を記号化する最大の効果は、**次の展開を、ある程度予測しながら読みすすめられる**ということです。

《1》A **だから** B【＝ここまでの流れ（A）のまま**素直に前（B）へ進む**】

《2》A **しかし** B【＝ここまで（A）とは**逆の内容（B）が展開**する】

《3》A **つまり** B【＝前後（A・B）とも**重要な主張（まとめ）**である】

《4》A **ではなく** B【＝直前（A）は軽く流して、**直後（B）に注目**】

《5》A **に対して** B【＝A・Bの**対比構造をきちんと整理**する】

「5つのアイテム」は、いわば道路標識です。**交通ルールに従って頭を切りかえ、次の展開を先取りする意識を持てば、読むスピードはグングン加速していきます！**

それでは、次のミッションで、「5つのアイテム」を練習してみましょう。

イメージは固定的なものでなく、普通は時と共に薄れていく。この感覚とイメージの世界に生きる点では人間も動物も同じである。ところが人間はイメージに名前を付けることによってそれを固定して保存する。これが言葉の世界である。イメージはそれぞれ異なっているが、類似したイメージに対してはその類似性に基づいて一つの共通の名前が与えられる。たとえば我々の前に高い山がある。じっと見ていると類似した感覚的イメージの流れがあり、次の日に来て眺めても前日と類似した感覚的イメージが経験される。そこでその山に富士山という名前を付ける。動物と異なる人間の世界は、流動的世界を固定してその世界のものごとに名を与える言語の世界である。確かに動物にも言葉はある。言葉とは、それによって何かを指し示す記号である。しかし動物の場合、類似した感覚的イメージを身振りや鳴き声で固定して表現するその言語（記号）は、必ず現在のものを指し示すことに限られている。たとえば危険を表す鳥の鳴き声は現在そうであることを離れて意味を持たないし、ベルの音が餌を指示するという記号の習得をした犬にとってベルの音は今餌が出るぞという意味であり、その音を涎を出すことなしに聞くことはできない。このような犬とベルの音の関係に対応するのが、人間の場合食事という言葉である。これは、犬に対し餌を指示するのにベル以外のものでもよかったのと同様に、別の言葉でもありえたのであるが、いったん食事という言葉に固定されると現実のすべての食事現象を表す記号となる。それは動物におけるような現在の現象だけに限らず、過去のことも未来のことも示す記号として使われる。だから、動物の言葉が現在において一対一の関係で直接にものごと

を示す信号であるのに対し、人間の言葉は、あらゆる時の一定の類似した現象すべてを表す一般的記号であるがためとくに象徴と呼ばれる。言葉を話す人間は象徴を操る動物である。（山下勲『世界と人間』による）

問 傍線部「言葉を話す人間は象徴を操る動物である」とあるが、その説明として最も適当なものを、次の①～⑤のうちから一つ選べ。 難易度★★☆☆☆

① 人間以外の動物が目の前の現象を身振りや鳴き声で表現する信号しか持たないのに対して、人間は複数の異なるイメージを一つのイメージに集約することで、ものに名前を与えることができる。

② 人間以外の動物が一対一の関係でものごとを指し示すのに対して、人間は複数の感覚的イメージから類似性を抽出することで、各自のイメージ経験の微妙なズレを解消することができる。

③ 人間も人間以外の動物も感覚的イメージを表現できる点では同じだが、人間は類似した現象に名前を与えることで、時間を超えてそれらの現象を同じ言葉で指し示すことができる。

④ 人間も人間以外の動物も感覚とイメージの世界を生きる点では同じだが、人間は時とともに変化するイメージに名前をつけて固定することで、一般化された記号を獲得することができる。

⑤ 人間は人間以外の動物と異なって、経験によって獲得した曖昧なイメージに名前をつけて抽象的なイメージに統合することで、個人の経験を超えた共通の世界を現出させることができる。

イメージは固定的なものでなく、普通は時と共に薄れていく。この感覚とイメージの世界に生きる点では人間も動物も同じである。ところが人間はイメージに名前を付けることによってそれを固定して保存する。これが言葉の世界である。イメージはそれぞれ異なっているが、類似したイメージに対してはその類似性に基づいて一つの共通の名前が与えられる。たとえば我々の前に高い山がある。じっと見ていると類似した感覚的イメージの流れがあり、次の日に来て眺めても前日と類似した感覚的イメージが経験される。そこでその山に富士山という名前を付ける。動物と異なる人間の世界は、流動的世界を固定してその世界のものごとに名を与える言語の世界である。確かに動物にも言葉はある。言葉とは、それによって何かを指し示す記号である。しかし動物の場合、類似した感覚的イメージを身振りや鳴き声で固定して表現するその言語（記号）は、必ず現在のものを指し示すことに限られている。たとえば危険を表す鳥の鳴き声は現在そうであることを離れて意味を持たないし、ベルの音が餌を指示するという記号の習得をした犬にとってベルの音は今餌が出るぞという意味であり、その音を涎（よだれ）を出すことなしに聞くことはできない。このような犬とベルの音の関係に対応するのが、人間の場合食事という言葉である。これは、犬に対し餌を指示するのにベル以外のものでもよかったのと同様に、別の言葉でもありえたのであるが、いったん食事という言葉に固定されると現実のすべての食事現象を表す記号となる。それは動物におけるような現在の現象だけに限らず、過去のことも未来のことも示す記号として使われる。だから、動物の言葉が現在において一対一の関係で直接にものごと

を示す信号であるのに対し、人間の言葉は、あらゆる時の一定の類似した現象すべてを表す一般的記号であるがためとくに象徴と呼ばれる。言葉を話す人間は象徴を操る動物である。

「**動物の言葉**」＝［現在・一対一の関係・直接にものごとを示す信号］
「**人間の言葉**」＝［あらゆる時・一定の類似した現象のすべて・一般的記号］

以上の対比構造を押さえて、選択肢を検証していきます。

①は「**複数の異なるイメージを……集約する**」が×。人間は「一定の類似した現象」に名前を付けるのです。

②は「**各自のイメージ経験の微妙なズレを解消することができる**」が×。「解消」は完全に消しさることですから、「断定型」で×と判断します。（⬇P81）

③は、人間が「**類似した現象に名前を与える**」ことで、「**時間を超えて**」（＝**過去・現在・未来、あらゆる時の**）……**指し示すことができる**」ということで、これが正解！

④は「**時とともに変化するイメージ**」が「一定の類似した現象」と合わないので×。

⑤も④と同様、「**曖昧なイメージ**」が「一定の類似した現象」と合わないので×。

ミッション 04

次の文章を「線引き」し、後の問いに答えよ。

制限時間 4分

1 フィクションとしての妖怪、とりわけ娯楽の対象としての妖怪は、いかなる歴史的背景のもとで生まれてきたのか。

2 確かに、鬼や天狗(てんぐ)など、古典的な妖怪を題材にした絵画や芸能は古くから存在した。しかし、妖怪が明らかにフィクションの世界に属する存在としてとらえられ、そのことによってかえっておびただしい数の妖怪画や妖怪を題材とした文芸作品、大衆芸能が創作されていくのは、近世も中期に入ってからのことなのである。つまり、フィクションとしての妖怪という領域自体が歴史性を帯びたものなのである。

3 妖怪はそもそも、日常的理解を超えた不可思議な現象に意味を与えようとする民俗的な心意から生まれたものであった。人間はつねに、経験に裏打ちされた日常的な原因―結果の了解に基づいて目の前に生起する現象を認識し、未来を予見し、さまざまな行動を決定している。ところが時たま、そうした日常的な因果了解では説明のつかない現象に遭遇する。それは通常の認識や予見を無効化するため、人間の心に不安と恐怖を喚起する。このような言わば意味論的な危機に対して、それをなんとか意味の体系のなかに回収するために生み出された文化的装置が「妖怪」だった。それは人間が秩序ある意味世界のなかで生きていくうえでの必要性から生み出されたものであり、それゆえに切実なリアリティをともなっていた。民間伝承としての妖怪とは、そうした存在だったのである。

4 妖怪が意味論的な危機から生み出されるものであるかぎり、そしてそれゆえにリアリティを帯びた存在であるかぎり、それをフィクションとして楽しもうという感性は生まれえない。フィクションとしての妖怪という領域が成立するには、妖怪に対する認識が根本的に変容することが必要なのである。

5 妖怪に対する認識がどのように変容したのか。そしてそれは、いかなる歴史的背景から生じたのか。本書ではそのような問いに対する答えを、「妖怪娯楽」の具体的な事例を通して探っていこうと思う。

（香川雅信『江戸の妖怪革命』（序章）による）

問 この文章を授業で読んだNさんは、本文の意味段落に見出しをつけて整理した。2～3（＝ I ）・4～5（＝ II ）の見出しの組み合わせとして最も適当なものを、次の①～④のうちから一つ選べ。

難易度 ★★★☆☆

① I 妖怪はいかなる歴史的背景のもとで娯楽の対象になったのかという問い
II 意味論的な危機から生み出される妖怪

② I 妖怪はいかなる歴史的背景のもとで娯楽の対象になったのかという問い
II 妖怪娯楽の具体的事例の紹介

③ I 娯楽の対象となった妖怪の説明
II いかなる歴史的背景のもとで、どのように妖怪認識が変容したのかという問い

④ I 妖怪に対する認識の歴史性
II いかなる歴史的背景のもとで、どのように妖怪認識が変容したのかという問い

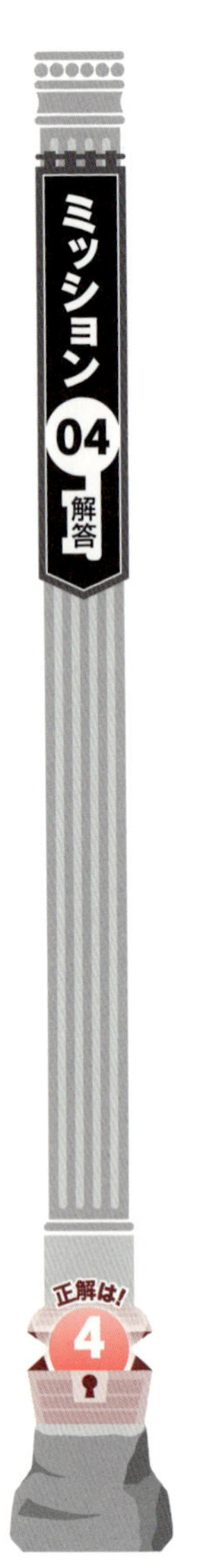

1 フィクションとしての妖怪、とりわけ娯楽の対象としての妖怪は、いかなる歴史的背景のもとで生まれてきたのか。

2 確かに、鬼や天狗（てんぐ）など、古典的な妖怪を題材にした絵画や芸能は古くから存在した。しかし、妖怪が明らかにフィクションの世界に属する存在としてとらえられ、そのことによってかえっておびただしい数の妖怪画や妖怪を題材とした文芸作品、大衆芸能が創作されていくのは、近世も中期に入ってからのことなのである。つまり、フィクションとしての妖怪という領域自体が歴史性を帯びたものなのである。

3 妖怪はそもそも、日常的理解を超えた不可思議な現象に意味を与えようとする民俗的な心意から生まれたものであった。人間はつねに、経験に裏打ちされた日常的な原因―結果の了解に基づいて目の前に生起する現象を認識し、未来を予見し、さまざまな行動を決定している。ところが時たま、そうした日常的な因果了解では説明のつかない現象に遭遇する。それは通常の認識や予見を無効化するため、人間の心に不安と恐怖を喚起する。このような言わば意味論的な危機に対して、それをなんとか意味の体系のなかに回収するために生み出された文化的装置が「妖怪」だった。それは人間が秩序ある意味世界のなかで生きていくうえでの必要性から生み出されたものであり、それゆえに切実なリアリティをともなっていた。民間伝承としての妖怪とは、そうした存在だったのである。

4 妖怪が意味論的な危機から生み出されるものであるかぎり、そしてそれゆえにリアリティを帯びた存在であるかぎり、それをフィクションとして楽しもうという感性は生まれえない。フィクションとしての妖怪という領域が成立するには、妖怪に対する認識が根本的に変容することが必要なのである。

5 妖怪に対する認識がどのように変容したのか。そしてそれは、いかなる歴史的背景から生じたのか。本書ではそのような問いに対する答えを、「妖怪娯楽」の具体的な事例を通して探っていこうと思う。

2段落＝**「フィクションとしての妖怪」**は、近世以降に出現した**歴史性を帯びたもの**だ。

3段落＝**「民間伝承としての妖怪」**はそもそも、**不可思議な現象に意味を与えるための文化的装置**である。それゆえに**切実なリアリティをともなっていた**。

↓**Ⅰ『妖怪に対する認識の歴史性』**

4段落＝**「フィクションとしての妖怪」**の成立には認識が根本的に変容することが必要。

5段落＝妖怪に対する認識がどのように変容したのか、いかなる歴史的背景から生じたのか。「妖怪娯楽」の具体的な事例を通して探っていこう。

↓**Ⅱ『いかなる歴史的背景のもとで、どのように妖怪認識が変容したのかという問い』**

本文の内容を生徒がまとめる新傾向の問題ですが、各段落の要点をまとめるだけなので「線引き」の本領発揮です。①②のⅠは1段落の内容だから×。③は3段落の内容を含まないので×。④が正解。

※文中の「清子」は、二人の子供を残して離婚。東京を離れ、九州の飛行場内部にある美容院で、外国人を客として働いている。以下は、兄の「私」と久しぶりの再会を果たし、別れる場面である。

「東京へ帰りたいけれど、当分はね」

清子はそんなことを言って、ちょっと淋（さみ）しそうに笑った。

「同じ働くなら、東京でもいいじゃあないか」

「でも」

意味不明な表情を取ったが、

「もう暫（しばら）くここで働いて技術を身につけますわ。技術を身につけるということから言えば、相手が外人だからここがいいと思うんです」

技術の習得の問題はともかくとして、清子は恐らく自分が出て来た家から少しでも離れて住んでいたい気持であろうと思われた。

「ひどく叱られるかと思って、びくびくもので来たんですけど、来てよかったわ」

「叱りはしないよ。叱ったって取り返しはつかんじゃないか」

「これからお手紙出していいですか」

「いいも悪いもないだろう」

「では」

清子は擦り抜けるように改札口を通り抜けると、右手を上げて、掌だけをひらひらさせた。少女のようだった。苦労している女の仕種ではなかった。

（井上靖「姨捨」による）

問 本文中の、清子の言動やそれに対する「私」の判断などから、清子のどのような人物像がうかがえるか。その説明として最も適当なものを、次の①～⑤のうちから一つ選べ。 **難易度** ★★☆☆

① 家族関係の煩わしさから解放されれば自由に生きられると考えて一人になったが、実際には、孤独と生活の苦労の中にしか身が置けなくなり、自分の判断を後悔しながら生きているような人物像。

② 家族関係を断ち切り、あえて孤独な境遇に身を置いていることと、その一方で、一人になって自由に生きていることとか、自分の中でなんとか均衡を保っているような人物像。

③ 美容の技術を習得するために家族をも犠牲にしてしまう薄情さと、そのすさんだ気持ちを打ち消そうとして、わざと年齢不相応な態度を取る頑固さとを持つ人物像。

④ 一人で自由に生きるために家族を捨てるような、利己的だが決断力のある一面と、孤独な生活に打ちひしがれてしまうような弱い未成熟な一面とを併せ持った人物像。

⑤ 煩わしい家族との関係を断ち切り、苦労は多いが、遠い九州の地でやっと自分らしい自然な生き方を見いだしたので、少女のようにのびのびと暮らしている明朗な人物像。

「東京へ帰りたいけれど、当分はね」

清子はそんなことを言って、ちょっと淋しそうに笑った。

「同じ働くなら、東京でもいいじゃあないか」

「でも」

意味不明な表情を取ったが、

「もう暫くここで働いて技術を身につけますわ。技術を身につけるということから言えば、相手が外人だからここがいいと思うんです」

技術の習得の問題はともかくとして、清子は恐らく自分が出て来た家から少しでも離れて住んでいたい気持であろうと思われた。

「ひどく叱られるかと思って、びくびくもので来たんですけど、来てよかったわ」

「叱りはしないよ。叱ったって取り返しはつかんじゃないか」

「これからお手紙出していいですか」

「いいも悪いもないだろう」

「では」

清子は擦り抜けるように改札口を通り抜けると、右手を上げて、掌だけをひらひらさせた。少女のようだった。苦労している女の仕種ではなかった。

小説では、登場人物が「**思ったこと**」「**感じたこと**」、「**感情の表れた様子**」などに線を引いていきます。なお「セリフ」は基本的に線引き不要なので、軽く読みながしましょう。

ℓ2 ちょっと淋しそうに笑った──⊖
ℓ5 意味不分明な表情──Ⓝ
ℓ8 少しでも離れて住んでいたい気持──⊖
ℓ15 少女のようだった ℓ16 苦労している女の仕種ではなかった──⊕

⊕でも⊖でもない、中立的（ニュートラル）な内容を、今後はⓃと表記していきます。

①は、⊖の感情だけに限定しているので×。
②は、「孤独⊖」と「自由⊕」の両方がそろっています。それらが「**なんとか均衡を保っている**」状態が、「**意味不分明な表情**」に表れているのでしょう。これが正解！
③の「わざと年齢不相応な態度を取る頑固さ」あたりはもう、笑っちゃいますね。
④の「**孤独な生活に打ちひしがれてしまう**」は、⊖が強すぎるので×。
⑤は、「**苦労は多いが**」が「苦労している女の仕種ではなかった」と合わないので×。
「線引き」は回数に比例して上達しますが、「5つのアイテム」は意識しないと身につきません。積極的に使って覚えましょう！

「3段メソッド」を起動せよ！

手順を固めれば、得点力は高いレベルで安定する

いよいよ3時間目からは、設問を「解く」作業に取りかかります。

「点がとれる時ととれない時の波が大きい」「二つまで絞って、いつも最後に間違える」

こうしたいわゆる《現代文あるある》ですが、その仕組みはじつに単純。他の科目に比べ、現代文は「暗記」の占める割合が小さいからです。暗記系の科目は、**本番までに覚えてきたことを、アウトプットするだけ**ですが、現代文は、**本番当日、その場で考え、その場で対応していかなければならない**、いわば〝出たとこ勝負〟の科目です。

「①か？　②か？　それとも、④か？」

そういえばこの状況、刑事ドラマの「時限爆弾解体シーン」でよく見かけますね。

「赤いコードを切るか？」「いや、ここは冷静に、青で。」「だからこそ、逆に白か！」「逆の

逆の逆で黄色ってある?」「あ〜、さっきからオレンジが俺を呼んでいる(気がする)。」……散々ぐるぐる迷った挙句、「**自分を信じろ**!(=根拠ナシ)」「**うお〜**!(=自暴自棄)」「**頼む〜**!(=他力本願)」「チョキン」……………ドカーン!!(失敗)

ここでハッキリ断言しておきます。キミの勘は、あまり当たりません! キミの運は、フツーぐらいです! 神は受験会場に降臨しません! 本番でキミのやるべきことは……、

冷静に、手順通りに、きちんと「任務」を遂行するのみ!!

共通テスト現代文でキミに課せられる「任務」。それは、これから紹介する「**設問攻略3段メソッド**(**ズバリ法**/**消去法**/**比較法**)」**に則**(のっと)**って、設問を処理していくこと**です。

テニスがうまくなりたかったら、「フォーム」をきちんと固めなければなりません。それは、対戦相手が誰なのか、とは別の問題です。現代文も、本文や選択肢がどんな内容であろうと、遂行する任務は同じです。**常に一定の「メソッド(攻略法)」で設問を処理していく**ことにより、**得点は高いレベルで安定する**のです。

さて、その詳しい解説をする前に、ちょいと小手調べ。次の**ミッション⑥**を、いつものキミのやり方で解いてみてください。それでは、スタート!

こうした日本の空間にみられる特性は、従来、気候条件や生産方式によって説明されてきたが、それももちろん妥当な説明である。しかし、日本の空間には、身体的な快適さや技術にあわせて、境界を明確にしない方がよいとする価値観があり、そうした美学が日本の空間の諸形式を決定してきたと思われる。

閑（しづか）さや岩にしみ入蝉（いるせみ）の声　　芭蕉（ばしょう）

芭蕉によって一挙にその意味の重みが明らかにされた「しみる」という動詞は、日本の文化の性格を説明する述語のひとつである。日本人なら、まず知らない者はいないと思われるこの句は、説明の要もなく、境界についてのメタファである。実際のところ、事象が融合する様相は、美しい風景のひとつの条件として、今日なお日本人の価値観のなかに生きつづけているように思われる。

（原広司『空間〈機能から様相へ〉』による）

問　傍線部「閑さや岩にしみ入蝉の声」という句の、筆者の論旨に即した鑑賞として、最も適当なものはどれか。次の①～⑤のうちから一つ選べ。

難易度★★★★★

①「しみ入」という表現は、蟬の声が強い境界を持つ岩の深部に浸透していく感じをあたえる。その声がひたむきであればあるほど、蟬の生の切なさを感じさせ、それがまた一生を旅に送った芭蕉の「漂泊の思い」の強さをも象徴している。

②「岩にしみ入」と感じられる声の性質からすると、一匹の蟬の声が青空に鋭く響いているのであろう。とかく騒がしいものとされる蟬の声を、「閑さ」を深めるものとしてとらえたところに、芭蕉の美学の独自性がうかがわれる。

③蟬の声は岩という強い境界をもつ物体にしみ入り、山寺の大いなる「閑さ」の中に吸い取られていく。このような事象の相互浸透性や融合性を一句の中にみごとに定着させた芭蕉の言葉づかいと高い境地を味わうべきである。

④「しみ入」という表現は、芭蕉の理想とした「さび」の境地を示すものである。また、山寺の「閑さ」にひたり自然と一体化している芭蕉の姿には、事象を融合し、境界を不明確にすることをよしとする日本人の美学が示されている。

⑤静中の動をとらえて、同時に動中の静を感じさせる句である。この静と動の相互浸透をよしとするのが日本文化の伝統であり、その伝統に根ざしつつ、さらに高次の「閑さ」の境地をとらえたところに蕉風俳諧の質の高さが認められる。

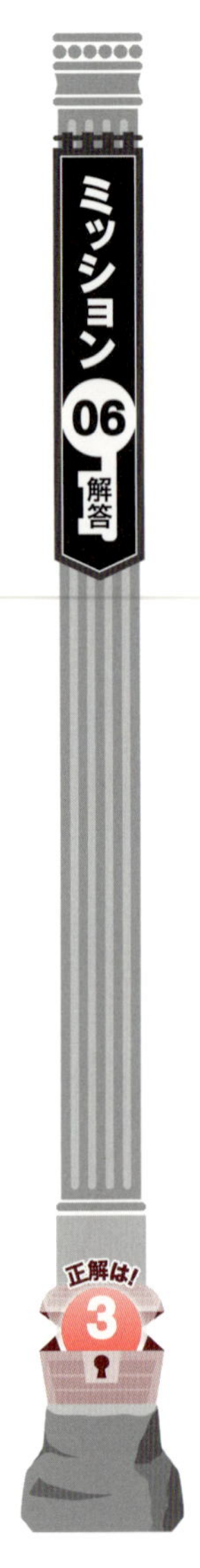

先日、この問題を200人の受験生に解いてもらったところ、選択率は以下のような分布になりました。……私の「インチキ心理分析」と併せて確認してみてください。

選択肢	①	②	③	④	⑤
正誤	×	×	○	×	×
人数	3	2	20	60	15

①〔3%〕➡あなたは、**整理整頓が苦手**なタイプかも？「**消去法**（➡P78～）」を学び、情報処理能力のスキルアップを目指しましょう。

②〔2%〕➡あなたは、**おっちょこちょい**のタイプかも？「**ズバリ法**（➡P62～）」を軸に、設問攻略の手順をきちんと固定しましょう。

③〔20%〕➡エクセレント！ もう、教えることは何もない（うそ）。このまま現代文攻略を極めれば、一月にいいことがあるかも。

④〔60%〕➡あなたは、ちょっと**頑固なタイプ**かも？「**比較法**（➡P94～）」を習得し、最後まで技術で選びぬく実力を身につけよう。

⑤〔15%〕➡あなたは、**プレッシャーに弱い**タイプかも？ 一緒に現代文と向きあっていきましょう。ラッキーアイテムは「**この本**（スゴ技）」。

「設問攻略3段メソッド」とは？

共通テスト現代文の、すべての選択肢問題（知識問題は除く）を正解へと導く完全無欠のフォーメーション、それが「**設問攻略3段メソッド**」です。

先ほどの正解率20％の難問を、この方法論に流しこんだらどうなるのか？　本当に正解できるのか？　それでは実際にやってみましょう！

① **ズバリ法**
↓**選択肢を見ずに、設問文と本文だけで正解を決めちゃう！**

② **消去法**
↓**×の選択肢を消去し、最後まで残ったものを正解とする！**

③ **比較法**
↓**迷っている選択肢の「違い」を見つけ、本文で確認する！**

設問攻略3段メソッド①「ズバリ法」

最初に繰り出す最速の設問攻略法。まずは設問文をしっかり解析。そして、**「設問に対する答え**（＝**ズバリの要素**）」を本文から探しだし、それを含む正解の選択肢をズバリと選ぶ。要素を押さえるまで、**選択肢を先に見ないこと**が最大のポイント！

〈ズバリの要素いろいろ〉

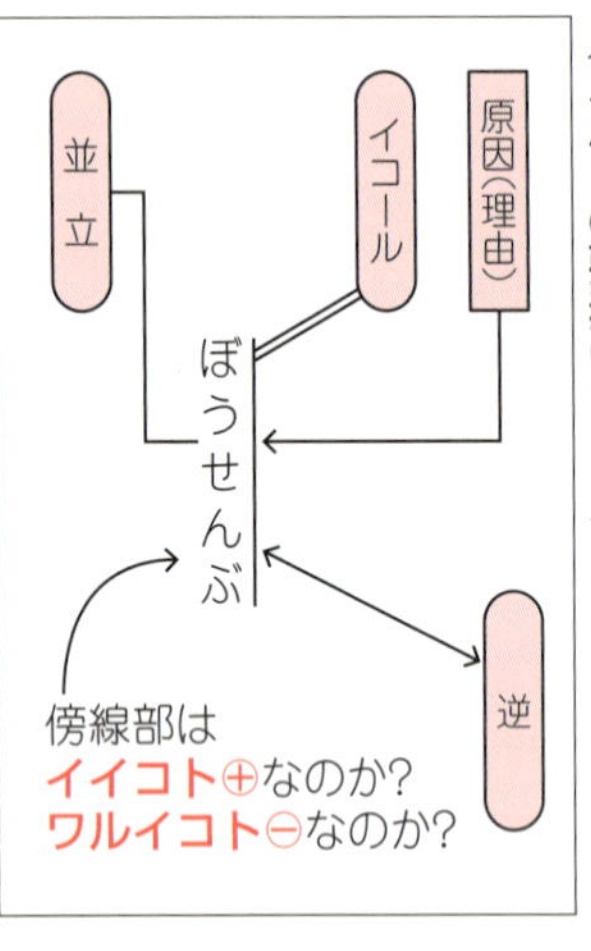

《1》設問解析

設問文&傍線部をしっかり読み、「**出題意図**（＝**この問題では、何を問われているのか？つまり**、**何を探すのか？**）」を確認する！（ここでの15秒間の頑張りが、最終的に1分間の時間短縮を実現します。できる人ほど、設問解析が鋭いのだ！）

〈ズバリの要素回収〉

〈選択肢チェック〉

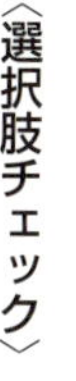

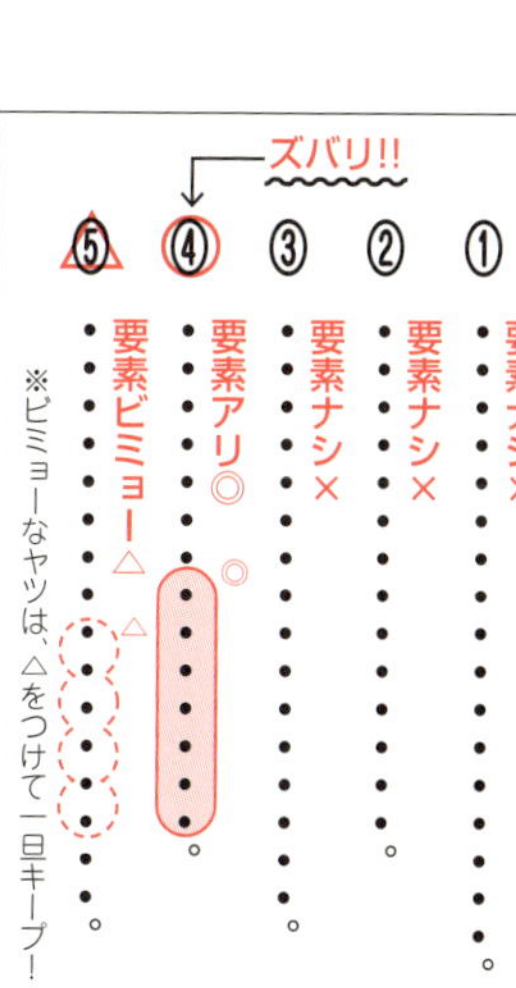

《2》ズバリの要素回収

「設問に対する答え・ヒント・根拠（＝**ズバリの要素**）」を、本文から探しだす！（まずは傍線部の前後から。見つからなければ、線引き箇所を頼りに捜索範囲を広げます。）

《3》選択肢チェック

押さえた「**ズバリの要素**」を含む選択肢を、ズバリと選ぶ！（要素が入っている（**アリ**）か、入っていない（**ナシ**）かで、サクサク判断します。）

設問攻略3段メソッド②「消去法」

最も確実な設問攻略法。選択肢の「どこが・なぜ×なのか?」をきちんとチェック。一つずつ完璧に消去して、正解の選択肢を浮きぼりにする!

〈選択肢チェック〉

※選択肢の「×のポイント(理由)」をきちんとチェックすること!

①
②
③
④
⑤

消去!!

《1》選択肢チェック(◎×判定)

×の選択肢の、「どこが・なぜ×なのか?」を、一つずつきちんとチェックしていこう。

《2》選択肢×パターン

現時点で、**◎とも×とも判断できない**選択肢は、「△」でキープします。(➡P84)

設問攻略3段メソッド③「比較法」

最終&究極の設問攻略法。 最後に二つの選択肢で迷ったら、両者を交互に読みくらべ、二つの「決定的（対照的）な違い」を押さえる！　そして、それを**本文で再確認**！

〈比較法使用の手順〉

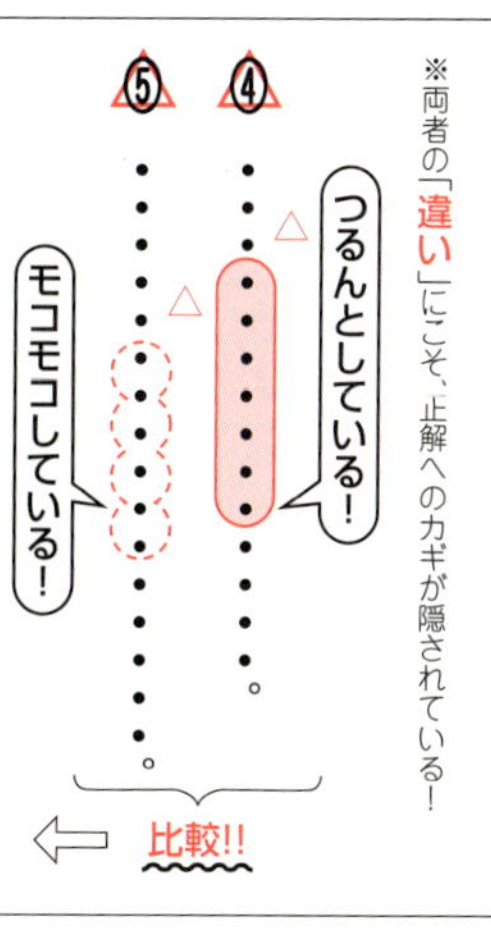
※両者の「違い」にこそ、正解へのカギが隠されている！
④
⑤
つるんとしている！
モコモコしている！
比較!!
どっちがイイか本文で確認！

《1》「違い」の見極め

選択肢を交互に見くらべ、「どっちがよいか？」ではなく、「どう違うのか？」と、両者の「**決定的な違い**」をはっきりさせましょう。

《2》本文で答え合わせ

「**違い**」を押さえたら必ず**本文と照らしあわせて最終確認**。（頭だけで処理しないこと！）

ズバリ法

［設問解析］

まずは設問文をしっかり「解析」していきます。さて、何を答える問題なのかな？

〈何を問われているのか？〉

＝**「閑さや岩にしみ入蟬の声」という句の**（筆者の論旨に即した）**鑑賞**。

⬇じつは「句の鑑賞」を選ぶ問題だったって、気づいていた？

〈何を探すのか？〉

⬇まずは**「筆者の論旨」**を押さえ、それに合った**「句の鑑賞」**を選びます。

［ズバリの要素回収］

(ℓ.2)「日本の空間には……境界を明確にしない方がよいとする価値観があり……」

(ℓ.9)「事象が融合する様相は……今日なお日本人の価値観のなかに生きつづけている……」

＝**日本人は、「境界を明確にしない方がよい」「事象が融合する様相は美しい」といった価値観を持ちつづけている。**

回収した「**ズバリの要素**」を軸にして、選択肢を処理していきます。

消去法

①は「（蟬の）声がひたむきであればあるほど」「蟬の生の切なさを感じさせ」が、論旨とはぜんぜん関係のない「**余分な情報（タンコブ）**」だから×。

②は岩にしみ入るはずの蟬の声が「青空に鋭く響い」ちゃっています！　「事象が融合する」という**ズバリの要素とは逆方向**なので×！

③の「**事象の相互浸透性や融合性**」は、ズバリの要素と合致◎。でも最後の「芭蕉の言葉づかいと高い境地を味わうべき」が意味不明なので、**とりあえず△でキープ**します。

④の「『さび』の境地」が気になった人は、鋭いですね！　でもここは一旦、△を付けて保留（キープ）しておきましょう。後半の「**事象を融合し**、……**日本人の美学**」は、ズバリの要素と完全に一致◎！　でも、慌てて決めずにキープです。

⑤の「静中の動」と「動中の静」？　何かそれっぽい雰囲気はあるけど……じゃあ蟬の声はどっち？　岩なんか完全に「静中の静」ですね。迷ったとき、なんとなく〝難しそうな（カッコイイ）ヤツ〟に引きよせられる弱い心を自覚し、克服するのです！

「ズバリ法」⬇「消去法」と運用して、まだ③と④が残っております。

ここで「どっちかっていうと……④の方がよさげ?」とか「とりあえず〜、③はない気がする!（頼む!）」なんて決め方をしていては、**すべてが台無しです**! 前者は「ズバリっぽいこと」、後者は「消去っぽいこと」をしているようで、実際は「勘だより」の「運まかせ」、正解率はぴったり50%。とても「9割」なんて保証できません。

最後に二つの選択肢まで絞ったら……最終兵器「**比較法**」に切りかえ、美しく完璧に解ききる! これが、9割保証の『**スゴ技**』**の真骨頂**です! 二つの選択肢は「どっちがイイか?」「どっちがダメか?」ではなく、「**どう違うのか?**」という視点からアプローチしましょう。

比較法

③と④は、それぞれ「なに」と「なに」が融合（一体化）している?

③ **蝉の声は岩という強い境界をもつ物体にしみ入り**、山寺の大いなる「閑さ」の中に吸い取られていく。このような事象の相互浸透性や融合性を一句の中にみごとに定着させた**芭蕉の言葉づかいと高い境地を味わうべき**である。

④「しみ入」という表現は、芭蕉の理想とした「**さび**」**の境地**を示すものである。また、山寺の「閑さ」にひたり**自然と一体化している芭蕉の姿**には、事象を融合し、境界を不明確にすることをよしとする日本人の美学が示されている。

③「**蝉の声**」が「**岩**」にしみ入っている！
④「**自然**」と「**芭蕉**」が一体化している！
➡「岩にしみ入る蝉の声」の「句の鑑賞」なんだから、③が大正解！

なになに？　芭蕉が迷彩服を着て、ジャングルと一体化している？「比較法」を使うと、選択肢の急所が浮きぼりになりますね。なお、③の「芭蕉の**言葉づかい**（＝センス）と**高い境地**（＝レベル）を味わうべき」は、「句の鑑賞」としては、むしろ非常に正しい内容◎でした。逆に、④の「『さび』の境地」は、今回の筆者の論旨とは関係ない「**余分な情報**（**タンコブ**）」と判断して消去するのが、共通テスト現代文ではセオリーとなります。詳しくは5時間目で！

ということで、〝**設問を完璧に解く**！〟という作業を体験していただきました。論理的文章・文学的文章を問わず、設問攻略「3段メソッド」は、共通テスト現代文のすべての問題に通用します。これで解けない問題など、存在しません！

スピードはまだ気にしなくていいですから、**手順**（**メソッド**）**をきちんと遂行すること**を第一目標としてください。

「ズバリ！」「消去！」「比較！」の順番に、頭を切りかえろ

「ズバリ法」「消去法」「比較法」。一つひとつを見れば、それほど目新しい解き方には感じないかもしれません。じつはこのメソッド、**意識のなかできちんと使いわけ、ちゃんと順番通りに使用する**ことによって、その威力を最大限に発揮するのです。手順を飛ばしたり、サボったり、ゴチャ混ぜで使ったりすると、効果はガクンと下がります。設問攻略「3段メソッド」は、小手先のテクニックではなく、**頭を動かしていく順番**だと認識してください。

①「ズバリ法」＝設問文&本文と戦い「答え」を決める！

↓「ズバリの要素」を押さえるまで、絶対に「選択肢」を見ない。

②「消去法」＝選択肢に切りこんで「×」を指摘する！

↓「ズバリの要素」をもとにして、×の「選択肢」を完璧に消す。

③「比較法」＝選択肢の決定的な「違い」を押さえる！

↓「ズバリの要素」を忘れて、「選択肢」の〝違い〟にだけ集中。

例えば、**「ズバリ法＝打撃(パンチ)」**／**「消去法＝刀剣(ソード)」**／**「比較法＝鉄砲(ガン)」**だとしましょう。
とにかく最初は、敵を**「打撃(パンチ)（ズバリ法）」だけで倒す**つもりで挑みます。これが一番手っ取り早いですからね！　ズバリ法こそ「最速」の攻略法なのです。でも、念のために**「刀剣(ソード)（消去法）」で完全に抹殺**します。消去法によって「確実性」が保証されるのです。

本文から**「答え」を見つけだす「ズバリ法」**と、選択肢から**「×」を見つけだす「消去法」**。両者は、設問に対する別角度からのアプローチです。ズバリ法で③が選べて、消去法でも③が残ったら、**ものスゴ〜く高い確率で、③が正解！**ってことになるでしょ？　これぞ、3段メソッドの真骨頂！

さらに、「打撃(パンチ)（ズバリ法）」でも「刀剣(ソード)（消去法）」でも倒せない敵、すなわち、二つの選択肢まで絞って決めきれないときは、**スパッと「鉄砲(ガン)（比較法）」に切りかえる**のです。「ズバリ法」や「消去法」にこだわって、いつまでもポカポカ殴りつづけるのは、時間のムダ。さっと「比較法」に持ちかえて、ズドンと打ちぬいてやりましょう！

まずは「ズバリ法」！　念のために「消去法」！　困ったときは「比較法」！

順番通り、きちんと頭を切りかえることができたら、**正解率は高いレベルで安定します！**
次の4時間目からは、この「3段メソッド」を一つずつひも解いていきます。

入試現代文は、論理パズルゲームだ

さて問題です。空欄に入る言葉は、何でしょう？

「**私は［　　］です。**」

①人間？　②高校生？　③孤独？　④パイナップル？　⑤バスコ・ダ・ガマ？

どれを入れても、読めないいいことはないないですよね。だから現代文は「答えが一つとは限らないから、ムカつく」なんて偏見が広まってしまうわけですけど……、ここは頭を切りかえて、「答えは一つしかない！」という地点から逆算して考えましょう。

答えが一つしかない、ということは、**そこには必ず根拠（理由）がある**はずです。**根拠がない選択肢に、正解の権利はないのです！**　すなわち、現代文は「答えを当てる科目」という以前に、「**根拠を探しだす、論理パズルゲーム**」だと認識してください。

「姉は大学生ですが、私は［人間］です。」……これではバランスがおかしいね。ここは「**大学生**」**と並立・対比関係にある**「**高校生**」が適切。

「たった一人の親友が、海外へ引っ越してしまった。だから私は**パイナップル**です。」

……ふざけすぎだね。**悲しい原因㊀を受けて、悲しい結果㊀の**「**孤独**」が適切。

傍線部問題も同じです。傍線部は、本文全体のなかで、ちょっと「読みにくい部分」に設定されます。そもそも、傍線部が簡単な内容だったら、問題が作れないでしょ？

『私はオムライスが好きです』とあるが、どういうことか説明せよ。

ど、どういうことかっていわれても……これ以上、説明することがありません。

『日本の教育は、まるでオムライスである』とあるが、どういうことか説明せよ。

逆に今度は意味不明。入試現代文は、こうした「**読みにくい**（**理解しにくい**）**部分**」を**わざと狙って傍線部にしてくる**わけです。性格悪いでしょ？

しかし、本文の筆者は「読みにくい部分」を読みにくいまま放置しておくはずがありません（そんな読みにくい本だと、売れないからね）。自分の言いたいことを読者に伝えるため、筆者はどこかで**より詳しく、もっとわかりやすく表現している**はずです。

それ（＝ズバリの要素）を押さえて、選択肢ズド～～ン!!

これが、設問攻略《3段メソッド》第一弾、「ズバリ法」の基本戦術です。

「ズバリ法」使用マニュアル

①設問解析

設問文＆傍線部としっかり話しあい、「出題意図（＝この問題では、何を問われているのか？　つまり、何を探すのか？）」を確認する！

⬇ここでの15秒間の集中が、最終的に1分間の時間短縮を実現するのです。

②ズバリの要素回収

「設問に対する答え・ヒント・根拠（＝ズバリの要素）」を、本文から探しだす！

⬇まずは傍線部の前後から。見つからなければ、線引き箇所を頼りに捜索範囲を広げていきましょう。

③選択肢チェック

押さえた「ズバリの要素」を含む選択肢を、ズバリと選ぶ！

⬇ズバリの要素が「アリ」か「ナシ」かで、選択肢をサクサク処理していきます。

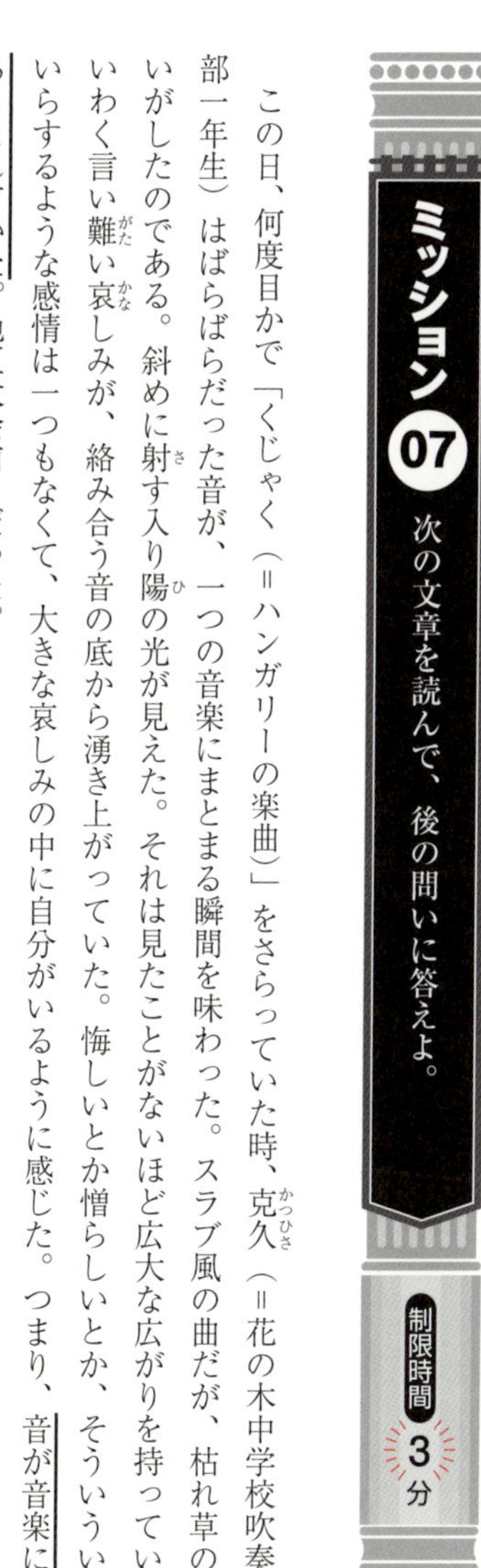

ミッション07

次の文章を読んで、後の問いに答えよ。

制限時間 3分

　この日、何度目かで「くじゃく（＝ハンガリーの楽曲）」をさらっていた時、克久（＝花の木中学校吹奏楽部一年生）はばらばらだった音が、一つの音楽にまとまる瞬間を味わった。スラブ風の曲だが、枯れ草の匂いがしたのである。斜めに射す入り陽の光が見えた。それは見たことがないほど広大な広がりを持っていた。いわく言い難い哀しみが、絡み合う音の底から湧き上がっていた。悔しいとか憎らしいとか、そういういらいらするような感情は一つもなくて、大きな哀しみの中に自分がいるように感じた。つまり、音が音楽になろうとしていた。地区大会前日だった。

（中沢けい『楽隊のうさぎ』による）

問　傍線部「音が音楽になろうとしていた」とあるが、それはどういうことか。その説明として最も適当なものを、次の①〜⑤のうちから一つ選べ。

難易度 ★★★☆☆

① （各パートの音が融け合い、）具象化した感覚や純化した感情を克久に感じさせ始めたこと。
② （演奏が洗練され、）楽曲が本来もっている以上の魅力を克久に感じさせ始めたこと。
③ （演奏が上達し、）楽曲を譜面通りに奏でられるようになったと克久に感じさせ始めたこと。
④ （各パートの発する音が調和し、）圧倒するような迫力を克久に感じさせ始めたこと。
⑤ （各パートの音が精妙に組み合わさり、）うねるような躍動感を克久に感じさせ始めたこと。

設問解析

「音が音楽になろうとしていた」というのは、「下手くそでばらばらな音㊀」が、「ちゃんとした音楽㊉」になりはじめた、というニュアンスですよね。

傍線部直前の「つまり（要約）」をさかのぼり、**演奏に関する㊉の表現**を回収します。

ズバリの要素回収

ℓ1「ばらばらだった音が、一つの音楽にまとまる瞬間を味わった」

ℓ2「**枯れ草の匂い**がした」

ℓ2「**斜めに射**(さ)**す入り陽**(ひ)**の光**が見えた」

ℓ3「**いわく言い難**(がた)**い哀**(かな)**しみ**が、絡み合う音の底から湧き上がっていた」

ℓ5「**大きな哀しみ**の中に自分がいるように感じた」

つまり（＝）、

音が音楽になろうとしていた。

ズバリ選択

①の「**具現化した感覚**」（＝音楽を聴いた感覚を、具体的なモノで表現している）は、一見意味不明ですが……ズバリの要素「**枯れ草の匂い**」「**斜めに射す入り陽の光**」とバッチリ対応しています。また、単に「悲しい曲」ではなく、「**大きな哀しみ**（の中に自分がいる）」と表現しているのも、「**純化した感情**」とピッタリです。まさに完璧な正解！

②は「**楽曲が本来もっている以上の魅力**」が×。中学生がオリジナルを超えるなんて、いくら何でもうまくなりすぎでしょ（笑）。むしろ、楽曲本来の魅力に近づいてきたから、演奏からイイ感じの雰囲気（枯草の匂い）が漂ってきたのではないでしょうか。

③の「**譜面通りに奏でられるようになった**」は、逆に初心者すぎるので×。「最後まで間違えずに演奏できた～」では、「哀しみ」は感じられません。

④を選んだ人は大反省！　だ～か～ら～、ズバリの要素は「枯れ草の匂い」とか「入り陽の光」でしょ？　「**圧倒するような迫力**」って……枯れ草何トンよ？

⑤も同様。「**うねるような躍動感**」が余分だから×。感覚だけで選んじゃダメ！

先にズバリの要素を押さえておかないと、①なんて、とても選べないよね！　「**ズバリの要素」を押さえてから、「選択肢」**。まずはこの手順を徹底していきましょう。

「設問解析」から積極的に勝負をかけろ

「**設問解析**」とは、簡単にいうと「**設問文をしっかり読みましょう**」ということです。ここでは、①「**設問文＝買い物メモ**」、②「**本文＝食料品売り場**」、③「**選択肢＝レジ**」にたとえて、その積極的な意義を説明していきます。「買い物メモ」には、「ニンジン1本・玉ねぎ2個・豚バラ肉200g・ルー（バーモントカレー中辛）」と丁寧に書かれている場合もあれば、たんに「カレーの材料」とか、「例の茶色いアレ」なんて謎めいたメッセージの場合もあります。いずれにせよ、メモをしっかり〝**解析**〟することで、［野菜⬇精肉⬇調味料］と**最短コースで任務を遂行できます**。逆に、メモの理解が甘かったら、「食料品売り場（本文）」を無駄にウロウロした挙句（＝**時間のロス**！）、《広告の品》なんて表示に引きよせられ（＝**設問のワナ**！）、不必要な物を衝動買い（＝**不正解**！）、なんてことになりかねません。ちなみに、いきなり「選択肢」を見るのは、いきなり手ぶらで「レジ」に並ぶぐらいマヌケな行為だと自覚してください。「設問解析」は、いわば**3段メソッドの下準備**です。ここでしっかり集中することで、**メソッドは一段と加速されます**。とくに共通テストでは、**課題理解力**や**情報処理能力**が重視されますから、より高い意識で「設問解析」を実行していきましょう。

「傍線部問題」の傾向と対策

《1》イコール系問題

傍線部「リベンジに成功できた」とあるが、それはどういうことか？ 「（傍線部は）どういうことか？　説明せよ」

↓（解答例）**前回敗れた相手に今回は勝ち、雪辱を果たせたということ。**

傍線部問題の約60％を占めるのが、「イコール系問題」です。いわば「日本語（傍線部）を日本語で説明せよ」という、この問題が成り立つということは、傍線部が**難しい（説明が足りない・意味がわかりにくい）内容だ**ということです。**傍線部のどこを（何を）説明**しなきゃいけないのか、「**設問解析**」で自分の任務をきちんと確認しましょう。

《2》なぜ系問題

傍線部「リベンジに成功できた」とあるが、それはなぜか？ 「（傍線部は）なぜか？　理由を説明せよ」

↓（解答例）**前回敗れた悔しさを忘れずに、しっかり練習を重ねたから。**

「なぜ系問題」は、傍線部問題の約20％を占めます。因果関係を把握しなければならないため、「イコール系問題」よりも難易度は高くなります。**傍線部はよいこと⊕なのか？　悪いこと⊖なのか？　どんな答えになりそうか？**　「設問解析」の段階で、解答の方向性をある程度まで想定するのが攻略の秘訣（ひけつ）です。

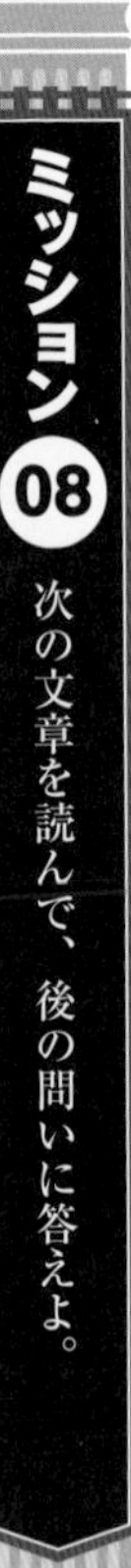

ヴェニスの商人――それは、人類の歴史の中で「ノアの洪水以前」から存在していた商業資本主義の体現者のことである。海をはるかへだてた中国やインドやペルシャまで航海をして絹やコショウや絨毯を安く買い、ヨーロッパに持ちかえって高く売りさばく。遠隔地とヨーロッパとのあいだに存在する価格の差異が、莫大な利潤としてかれの手元に残ることになる。すなわち、ヴェニスの商人が体現している商業資本主義とは、地理的に離れたふたつの国のあいだの価格の差異を媒介して利潤を生み出す方法である。そこでは、利潤は差異から生まれている。

だが、経済学という学問は、まさに、このヴェニスの商人を抹殺することから出発した。

年々の労働こそ、いずれの国においても、年々の生活のために消費されるあらゆる必需品と有用な物資を本源的に供給する基金であり、この必需品と有用な物資は、つねに国民の労働の直接の生産物であるか、またはそれと交換に他の国から輸入したものである。

『国富論』の冒頭にあるこのアダム・スミスの言葉は、一国の富の増大のためには外国貿易からの利潤を貨幣のかたちで蓄積しなければならないとする、重商主義者に対する挑戦状にほかならない。スミスは、一国の富の真の創造者を、遠隔地との価格の差異を媒介して利潤をかせぐ商業資本的活動にではなく、勃興しつつある産業資本主義のもとで汗水たらして労働する人間に見いだしたのである。それは、経済学における「人間主義宣言」であり、これ以後、経済学は「人間」を中心として展開されることになった。

（岩井克人「資本主義と「人間」」による）

問 傍線部「経済学という学問は、まさに、このヴェニスの商人を抹殺することから出発した」とあるが、それはどういうことか。その説明として最も適当なものを、次の①～⑤のうちから一つ選べ。

難易度 ★★☆☆☆

① 経済学という学問は、差異を用いて莫大な利潤を得る仕組みを暴き、そうした利潤追求の不当性を糾弾することから始まったということ。

② 経済学という学問は、差異を用いて利潤を生み出す産業資本主義の方法を排除し、重商主義に挑戦することから始まったということ。

③ 経済学という学問は、差異が利潤をもたらすという認識を退け、人間の労働を富の創出の中心に位置づけることから始まったということ。

④ 経済学という学問は、労働する個人が富を得ることを否定し、国家の富を増大させる行為を推進することから始まったということ。

⑤ 経済学という学問は、地域間の価格差を利用して利潤を得る行為を批判し、労働者の人権を擁護することから始まったということ。

設問解析

「イコール系問題」攻略！　傍線部の**どこを説明しなきゃいけないのか**、確認しましょう。

「**経済学**という学問は、まさに、この**ヴェニスの商人**を**抹殺する**ことから出発した」

「**経済学**」？「**ヴェニスの商人**」？　この二つの言葉はどういう意味で使われているのか？

それぞれ何を象徴しているのか？　本文から該当する要素を回収します。

ズバリの要素回収

ⓐ「**ヴェニスの商人**」（**商業資本主義**）

＝**価格の差異**を媒介して利潤を生み出す方法

利潤は**差異**から生まれている

ⓑ「**経済学**」（**産業資本主義**）

＝（富の真の創造者を）**汗水たらして労働する人間**に見いだした

「**人間主義宣言**」・経済学は「**人間**」を中心として展開されることになった

ズバリ選択

①「差異◎／人間×」　②「差異◎／人間×」　③「差異◎／人間◎」
④「差異×／人間×」　⑤「価格差◎／人間×」（「人権」は「人間」とは違います）

【ヴェニスの商人＝「差異」／経済学＝「人間」】……ズバリの要素が両方そろっているのは③だけですから、これが正解！　めちゃくちゃ速いでしょ？

《テニスとバドミントンの違いは？》⬇【テニス＝ボールを打つ／バドミントン＝ボールを打たない】……これでは、説明不足ですよね。この場合、「ボール」と「シャトル」は**絶対に欠かせない要素**となります。**ズバリの要素を基準にして、「ナシ・ナシ・アリ・ナシ・ナシ」と切りすてる！**　このスピード感を、ぜひとも習得してください。

消去法

そして念のために、「消去法」で選択肢を処分していきます。①は「**そうした利潤追求の不当性を糾弾する**」が余分（タンコブ）だから×。②は「**産業資本主義の方法を排除し**」が×。これが「商業資本主義」だったら正解だったけどね。④は「**個人（の富）／国家の富**」という対比関係（ペア）がナシで×。⑤は「**労働者の人権を擁護する**」が×。経済学では、労働する人間が中心であり、守るべき弱々しい存在ではありません。

ミッション09

次の文章を読んで、後の問いに答えよ。

小六の少年はまたいう。かんけりは隠れているとき、とっても幸福なんだよ。なんだか温かい気持ちがする。いつまでも隠れていて、もう絶対に出て来たくなくなるんだ。管理塔からの監視の死角に隠れているとき、一人であっても、あるいは二、三人がいっしょであっても、羊水に包まれたような安堵感(あんどかん)が生まれる。いうまでもなくこの「籠(こも)り」は、管理社会化した市民社会からのアジール（避難所）創建の身ぶりなのだ。市民社会からの離脱と内閉において、かいこがまゆをつくるように、もう一つのコスモスが姿を現してくる。それは、胎内空間にも似て、根源的な相互的共同性に充(み)ちたコスモスである。おとなも子どもも、そこで、見失った自分の内なる〈子ども〉、〈無垢(むく)なる子ども〉に再会するのである。

小六の男の子は最後にもう一つつけ加えていう。かんけりは「陣オニ」と違ってほかの人を救おうとするの。自分も救われたいけれど、つかまった仲間を助けなくちゃって、夢中になるのが楽しい。だけどオニは大変だな。オニは気の毒だから何回かかんを蹴られたら交替するんだ。実際、かんけりでは、隠れた者は誰もオニに見つかって市民社会に復帰したいとは考えない。運悪く捕われても、勇者が忽然(こつぜん)と現れて自分を救出してくれることを願っている。隠れた者が囚(とら)われた友を奪い返して帰って来ようとするのは、つねにアジールの方、市民社会の制外的領域である。オニが「気の毒」であるのは、オニが最初から市民社会の住人であるかぎり、隠れた者を何人見つけても、そのことで自分が市民社会に復帰するドラマを経験しようがないからである。隠れる者は市民社会では囚われ人以外ではなく、したがって、オニは管理者であることをやめることはできない。

（栗原彬「かんけりの政治学」による）

問　傍線部「隠れた者が囚われた友を奪い返して帰って来ようとするのは、つねにアジールの方、市民社会の制外的領域である」とあるが、それはなぜか。その説明として最も適当なものを、次の①～⑤のうちから一つ選べ。

難易度★★★☆☆

① 隠れた者にとって、かんを蹴って友を助ける行為は仲間を哀れむ思いの高まりの結果であり、（中略）仲間を救う優しさをもち続けることを意味するから。

② 隠れた者にとって、かんを蹴って友を助ける行為はかんを蹴る行為そのものに対する歓びに根ざしており、（中略）自己だけでなく他者をも再生できることを意味するから。

③ 隠れた者にとって、かんを蹴って友を助ける行為は心身が汚れていない自己の発見に起因しており、（中略）多様な人生のあり方を見つめ直すことを意味するから。

④ 隠れた者にとって、かんを蹴って友を助ける行為は仲間との連帯感に基づくものであり、（中略）安らぎのある共同性のなかに居続けることを意味するから。

⑤ 隠れた者にとって、かんを蹴って友を助ける行為は一人で生きる孤独への不安に由来するものであり、（中略）仲間とともにあり続けることを意味するから。

設問解析

「なぜ系問題」は、**設問解析でどこまで掘りさげられるか**がポイントです。ここでは何を問われているのか？　そして、**どんな答えになりそうか？**　傍線部を粘り強く解析します。

「**隠れた者**が囚われた友を奪い返して**帰って来ようとするのは**、つねに**アジールの方**、市民社会の制外的領域である」⬇**それはなぜか**？

《よいこと⊕》の理由は「よい内容⊕」であり、《悪いこと⊖》の理由は「悪い内容⊖」である！　これは「なぜ系問題」の根本原理です。例えば、《ニヤニヤしちゃう⊕》理由は、「最近、彼女ができたから⊕」です。《寝坊した⊖》理由は、「昨日、夜更かししたから⊖」です。

《隠れた者が、アジールの方へ帰って来ようとする⊕》理由は……**「アジールが、魅力的な場所だから⊕」**なのです！　それでは、本文から「**アジール**（**市民社会の制外的領域**）」の**⊕要素**（素敵ポイント）を回収しましょう。

ズバリの要素回収

ℓ4 「**アジール**（避難所）」⊕＝

ℓ3「羊水に包まれたような安堵感(のある場所)」⊕
ℓ6「根源的な相互的共同性に充ちたコスモス」⊕

ズバリ選択＋消去法

①は「**仲間を哀れむ思いの高まりの結果**」が×。これは本人の心の問題であり、「アジールに帰ってくる理由」にはなっていません。

②は「**かんを蹴ることそのものに対する歓び**」が×。「快、カ〜ン!」って、ちょっとだけ気持ちわかりますけど、これだと「かんを蹴るのはなぜか?」になっちゃいます。

③は「**心身が汚れていない自己の発見**」「**多様な人生のあり方**」が余分(タンコブ)で×。

④の「**仲間との連帯感**」「**安らぎのある共同性のなかに居続けること**」は、ズバリの要素「相互的共同性」「安堵感」と見事に合致しますね。これがバッチリ正解!

⑤は「**一人で生きる孤独への不安に由来するもの**」という動機が⊖だから×。独りぼっち⊖が嫌だからではなく、アジール⊕が素敵な場所だから、皆帰ってくるのです。

「**設問解析**」**からの**「**ズバリ法**」! この手順をしっかり体得してください!

「消去法」で追い討ちをかけろ！

不正解には、不正解の理由がある！

人生では、さまざまな場面で、さまざまな「選択肢」に出会います。どの大学を受けるのか？　どの職業を目指すのか？　どのTシャツが似合うのか？　お昼は何ラーメンを食べるのか？　豚骨(とんこつ)？　塩？　醤油(しょうゆ)？　麺の硬さは？　味玉のっける？

そうした人生の選択肢の多くには、「たった一つの正しい答え」があるわけではありません。答えとなるものが「複数」あったり、ある意味で「全部」正解だったり、あるいは正解が「ゼロ」という場合もあるでしょう。自分に似合う「正解のTシャツ」が、世界にたった一枚しかないとすれば……私たちは、果てしないTシャツ探しの旅に出るはめになります！

それに比べて共通テスト現代文には、**たった一つの正しい答え**があります。その意味では、**人生よりもラーメンよりもTシャツよりもず～っと単純な世界**なのです。

5時間目「消去法」の講義では、「たった一つの正しい答え」よりも、**「ちゃんと×の選択肢が、四つある！」**という事実に注目していきます。

「醤油も嫌いじゃないけど〜、どっちかっていうと、塩の方が好きかも〜」なんていう、相対的な関係性ではありません。現代文の×の選択肢は、絶対的に「ちゃんと×」なのです！

「ちゃんと×」の選択肢には、**必ず「×の根拠」が埋めこまれています。**

これが、《3段メソッド》第2弾、「消去法」の本質です。選択肢の数字（①〜⑤）に「✓」をチョンチョンと付けていく作業が「消去法」なのではありません！

「どこが・なぜ×なのか？」を、きちんと指摘する!!

自信を持って素早く「×の要素」を指摘するためには、**基準となる**「**◎の要素**（＝**ズバリの要素**）」**をガッチリ押さえておく必要がありますよね**（「赤いTシャツ」を買うと決めているからこそ、「青いTシャツ」や「赤い靴下」を素早く消去できるのです）。すなわち、「①**ズバリ法**」**あっての**、「**②消去法**」！　この順序（メソッド）は常に意識してください！

それでは、技術としての「消去法」を、しっかり学習していきましょう。

究極版！「現代文」選択肢×パターン集

では実際に、どのようなトラップが仕掛けられているのか？　現代文の**代表的な「選択肢×パターン」**を一挙大公開！

《0》正解例

次の文を正解の基準として、以下のパターンを検証していこう。

◎ 大阪には、阪神ファンが多い。

《1》タンコブ型

［頻出度★★★★★／難易度★★☆☆☆］

本文には書かれていない「余分な情報（＝タンコブ）」がくっついているため、×になるタイプ。現代文で、圧倒的に頻出度の高いパターンです。

× 大阪と奈良には、阪神ファンが多い。

× 大阪には、阪神と吉本新喜劇のファンが多い。

× 大阪は、季節風の影響で阪神ファンが多い。　※条件・前提がタンコブ（頻出！）

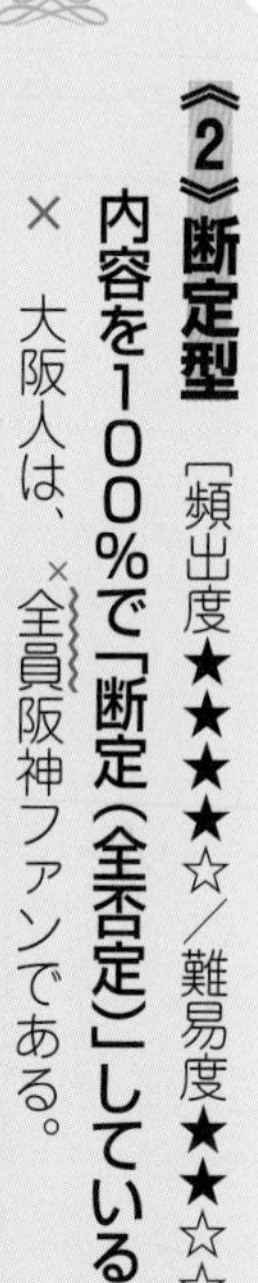

《2》断定型 〔頻出度★★★★☆／難易度★★☆☆☆〕

内容を100%で「断定（全否定）」しているため、×になるタイプ。

× 大阪人は、全員阪神ファンである。

× 大阪以外に阪神ファンは一人もいない。 ※全否定してしまっている

× 大阪に阪神ファンが多いのは、普遍的真理だ。 ※普遍（≒絶対）は断定的な表現

《3》限定型 〔頻出度★★★★☆／難易度★★★☆☆〕

内容を一部分だけに「限定」しているため、×になるタイプ。

× 大阪には、阪神のみを応援する人が多い。 ※「だけ・のみ・しか」があれば疑おう

× 大阪には、佐藤輝明選手のファンが多い。 ※「だけ」などを使わない限定型もある

《4》比較型 〔頻出度★★★☆☆／難易度★★☆☆☆〕

余計な「比較」関係が組みこまれているため、×になるタイプ。近年頻出。

× 大阪は、BTSファンよりも阪神ファンの方が多い。 ※「よりも〜の方が」は要注意

《5》逆転型　〔頻出度★★☆☆☆／難易度★★★★☆〕

原因／結果など、要素の関係が「逆転」しているため、×になるタイプ。

× 阪神には、大阪ファンが多い。

※「難しい語句」同士が逆転すると、気づきにくい

《6》ペア違い型　〔頻出度★★★☆☆／難易度★★☆☆☆〕

キーワードの「ペア」が、答えるべき内容と合わないため、×になるタイプ。

× 名古屋には、中日ファンが多い。

※セットで捉えると、消しやすい場合が多い

《7》中身ナシ型　〔頻出度★☆☆☆☆／難易度★★★★★〕

間違ってはいないが、解答の核心（ズバリの要素）にまで届いておらず、結局「中身ナシ（とくに内容がない）」ということで×になるタイプ。難易度最強。

× 大阪には、東京とは違う文化がある。

× 大阪には、巨人ファンが少ない。

※「阪神ファンが多い」とは限らない

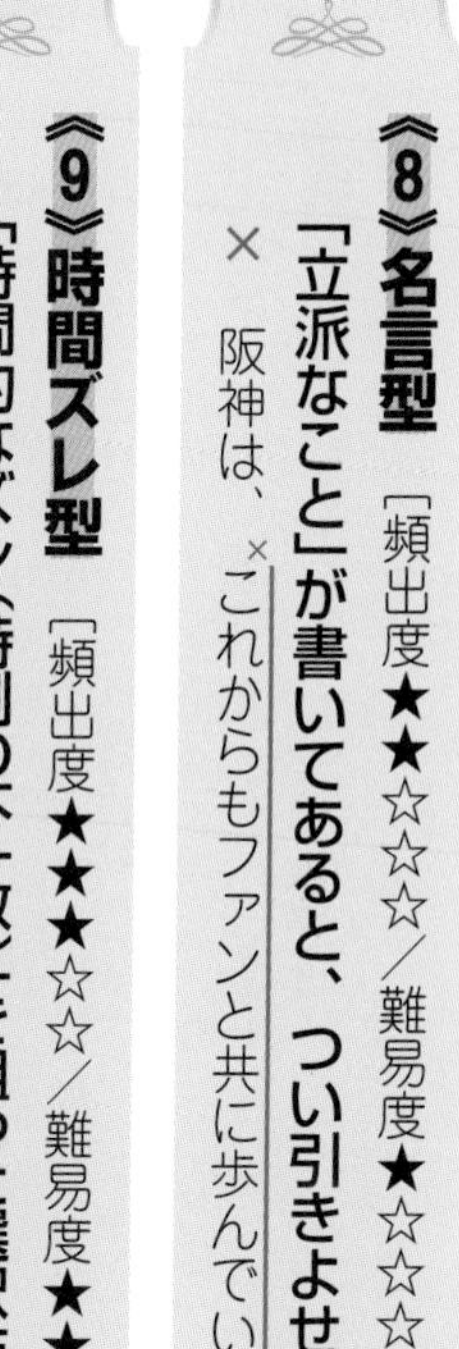

《8》名言型〔頻出度★★☆☆☆／難易度★☆☆☆☆〕

「立派なこと」が書いてあると、つい引きよせられるから、気をつけてね。

× 阪神は、これからもファンと共に歩んでいく。 ※冷静に見ればフツーに×です

《9》時間ズレ型〔頻出度★★★☆☆／難易度★★★★☆〕

「時間的なズレ(時制の不一致)」を狙った選択肢パターン。文学的文章で頻出。

× 大阪は、次第に阪神ファンが増えてきた。 ※要素同士の時間関係が狙われる

《番外》大は小を兼ねる！〔頻出度★★★☆☆／難易度★★☆☆☆〕

同じ方向性の選択肢で、内容に大小関係がある場合、他を包含する「大きいヤツ」が正解になる確率が高い、というパターン。文学的文章の語句知識問題で頻出。

①△ 大阪では、大気汚染が進んでいる。＝④のなかに含まれている（小）
②△ 大阪では、水質汚染が進んでいる。＝④のなかに含まれている（小）
③△ 大阪では、土壌汚染が進んでいる。＝④のなかに含まれている（小）
④○ 大阪では、環境汚染が進んでいる。＝他の要素を含んでいる（大）

「消去法」使用マニュアル

①ズバリ法　「ズバリの要素」を押さえるまで、絶対に選択肢を見ない！

⬇［①ズバリ法→②消去法］この順序は絶対です。そもそも選択肢は、5つ中4つが×（80%ウソ）の世界。「ズバリの要素」も準備せず、選択肢の森に飛びこむような危険なことをしてはいけません。「ズバリの要素」という基軸があるからこそ、消去するポイントが浮きぼりになるのです。

②選択肢チェック　確保した「ズバリの要素」を基準として、各選択肢の「どこが・なぜ×なのか?」を、一つずつきちんとチェックする！

⬇選択肢に「——」や「◯」を付けながら、間違っている箇所には「×」、ズバリの要素と合致する箇所には「◎」、現時点ではまだ「◎」とも「×」とも判断できない箇所には「△」を付けます。

③選択肢×パターン　「選択肢×パターン」を、積極的に活用する！

⬇「なんとな〜く×」にするのではなく、「タンコブで×！」「断定で×！」「限定で×！」と、×の箇所とその理由を、できるだけ明確に指摘していきましょう。

「△」を使いこなす者が、「消去法マスター」の称号を得る

選択肢をチェックする際、**現時点では、まだ「◎」とも「×」とも判断できない箇所**には「△」を付けます。「△」は、「びみょ〜」といった、消極的な〝保留〟ではなく、**「△」という積極的な〝判断〟**だと認識してください。この「△」を使いこなすことが、9割超えの重要なポイントとなるのです。

その理由は……**正解の選択肢が、いつでも「キレイな大正解◎！」とは限らない**からです。正解の選択肢が、本文をソックリそのままコピペしたような文だったら、皆が楽勝で正解できちゃうでしょ？　それじゃあ困るということで、出題者は本文の内容を、**×にならない程度に言いかえたり捻じまげたり**してきます。その結果、「◎ともいえないが……×ともいえない」＝**「△、だけど、正解」**といった悩ましい選択肢が誕生するのです。こうした難問を攻略するためには……どうしても、「△！」という判断を経由するより仕方ありません。

「△」を使わないと、難問は攻略できない……。とはいえ、「△」だらけになったら収拾がつかなくなりそうで怖い……。そんな皆さんへ、最後に二つのアドバイスを送りたいと思います。

①「ズバリ法」と「消去法」を、しっかりトレーニングせよ！

「ズバリの要素」をガッチリ押さえれば、「◎！」の判断レベルが上がります。また「×パターン」をしっかり使えば、「×！」の判断レベルが上がります。つまり、「ズバリ法」と「消去法」が上達してくれれば、「△」は次第に減っていくわけです。自信のあるものから確実に処分し、最後まで解ききる練習をしていきましょう。

②「△」でキープすることを、ポジティヴに捉えよ！

時間が足りずに焦ってくると、〝微妙な箇所〟に対して「まあとりあえず、消しとこ！」とか「ここは頼む〜、消えてくれ〜！」なんて、根拠なく「×」を付けがちです。大丈夫！　キミにはまだ、最終兵器「比較法」があるんだから！　〝微妙な箇所〟に出会ったら、「ふふふ……。**あとで『比較法』で料理してやるから、首を洗って待ってろよ**（ニヤリ）」ぐらいの強気な姿勢で、「△」を付けましょう！

ミッション⑩

次の文章を読んで、後の問に答えよ。

一匹の鬼がひっそりと女の貌をして人間にひそんでいることは、一方からみれば哀しいことではあるが、一方からみれば、またたいへん怖しいことであるにちがいない。たとえば『今昔物語』は、山深く住む猟師の兄弟の母が、いつのまにか鬼になっていて、子を喰おうとしたという話を伝えている。母という最も安心できる、日常そのものの代表のような部分が、いつのまにか怖しいものに変質しているという、このこわさは、ことの異様さ以上に示唆的で、日常的な安心や油断の中に思いがけずしのびこんでいる敵意や、目に見えず変質しているものの危さを感じさせる。

（馬場あき子「おんなの鬼」による）

問 傍線部「一匹の鬼が……たいへん怖しいことであるにちがいない」とあるが、なぜ「たいへん怖しい」のか。その理由として最も適切なものを、次の①～⑤のうちから一つ選べ。

難易度 ★☆☆☆

① 鬼は日常の世界とは異質な怪異の世界のものとして人間をさいなむものだから。
② 悲哀が深まれば深まるだけ惨虐なイメージが日常性を帯びることになるから。
③ 自らのうちにひそむ鬼の性が日常の世界を変貌させてしまうから。
④ 日常の世界が怪異の突然の出現によって脅かされることを示唆しているから。
⑤ 日常的なものが思いがけないものに変容する危険性をはらんでいるから。

正解は！ 5

ズバリ法　（設問解析＋ズバリの要素回収）

なぜ「たいへん怖（おそろ）しい」のか？

（このこわさは、ことの異様さ以上に示唆的で、）

ℓ5 **「日常的な安心や油断の中に思いがけずしのびこんでいる敵意や、目に見えず変質しているものの危（あやう）さを感じさせ」**、

消去法

①× 鬼は日常の世界とは異質な怪異の世界のものとして人間をさいなむものだから。

⬇鬼は日常のなかに「**思いがけずしのびこんでいる**」ものですから、「異質な」じゃダメですよね。また「**人間をさいなむ**（＝責める）」が、タンコブで×。

②× 悲哀が深まれば深まるだけ惨虐（さんぎゃく）なイメージが日常性を帯びることになるから。

⬇まず「**悲哀が深まれば深まるだけ**」という前提がタンコブで×。また「**残虐なイメージ**」と「**日常性**」が逆転型で×。「残虐な鬼⊖」が「ほのぼの日常的⊕」になるのではなく、「**日常の安心⊕**」が思いがけず「**怖い鬼⊖**」に変わるのです。

③ 自らのうちにひそむ鬼の性が日常の世界を変貌させてしまうから。
　⬇いやいやいや、キミじゃなくて、お母さんが鬼だからね！

④ 日常の世界が怪異の突然の出現によって脅かされることを示唆しているから。
　⬇迷うとすればコレかな？　最短で消去するなら「**出現**」で×。いきなり鬼丸出しのヤツがドスドス現れるのではなく、日常の優しいお母さんが思いがけず鬼に変容しているギャップが怖しいのです。

⑤ 日常的なものが思いがけないものに変容する危険性をはらんでいるから。
　⬇ズバリの要素とバッチリですね。これが正解！

　どうですか？「ズバリ法」⬇「消去法」の順番で繰りだせば、選択肢が単純に見えてくるでしょ？　3時間目の復習になりますが、「ズバリ法」と「消去法」を意識的に使いわけ、**「ズバリ法で、⑤！」「消去法でも、⑤が残った！」**という状況を作ることが、攻略の理想です。正解を選ぶだけで満足せず、×の選択肢を完全に消去し、完全なる勝利を目指してください！

　では、もう一問、チャレンジです。「消去法」で美しく解いてください！

ミッション 11 次の文章を読んで、後の問いに答えよ。

※しばらく前に、筆者は、木造の民家を利用した高齢者用のグループホームを訪れた。

軽い「認知症」を患っているその女性は、お菓子を前におしゃべりに興じている老人たちの輪にすぐには入れず、呆然と立ちつくす。が、なんとなくいたたまれず腰を折ってしゃがみかける。とっさに「どうぞ」と、いざりながら、じぶんが使っていた座布団を差しだす手が伸びる。「おかまいなく」と座布団を押し戻し、「何言うておすな。遠慮せんといっしょにお座りやす」とふたたび座布団が押し戻される……。

和室の居間で立ったままでいることは「不自然」である。「不自然」であるのは、いうまでもなく、人体にとってではない。居間という空間においてである。居間という空間がもとめる挙措の「風」に、立ったままでいることは合わない。高みから他のひとたちを見下ろすことは「風」に反する。だから、いたたまれなくなって、腰を下ろす。これはからだで憶えているふるまいである。からだはひとりでにそんなふうに動いてしまう。

からだが家のなかにあるというのはそういうことだ。からだの動きが、空間との関係で、ということは同じくそこにいる他のひとびととの関係で、ある形に整えられているということだ。

「バリアフリー」に作られた空間ではそうはいかない。人体の運動に合わせたこの抽象的な空間では、からだは空間の内部にありながらその空間の〈外〉にある。からだはその空間にまだ住み込んでいない。そして

そこになじみ、そこに住みつくというのは、これまでからだが憶えてきた挙措を忘れ去るということだ。だだっぴろい空間にあって立ちつくしていても「不自然」でないような感覚がからだを侵蝕してゆくということだ。

（鷲田清一「身ぶりの消失」による）

問 傍線部「からだが家のなかにあるというのはそういうことだ」とあるが、それはどういうことか。その説明として最も適当なものを、次の①〜⑤のうちから一つ選べ。

難易度★★★☆☆

① 身体との関係が安定した空間では人間の身体が孤立することはないが、他のひとびとと暮らすなかで自然と身に付いた習慣によって、身体が侵蝕されているということ。

② 暮らしの空間でさまざまな記憶を蓄積してきた身体は、不自然な姿勢をたちまち正してしまうように、人間の身体はそれぞれの空間で経験してきた規律に完全に支配されているということ。

③ 生活空間の中で身に付いた感覚によって身体が規定されてしまうのではなく、経験してきた動作の記憶を忘れ去ることで、人間の身体は新しい空間に適応し続けているということ。

④ バリアフリーに作られた空間では身体が空間から疎外されてしまうが、具体的な生活経験を伴う空間では、人間の身体は空間と調和していくことができるのでふるまいを自発的に選択できているということ。

⑤ ただ物理的に空間の内部に身体が存在するのではなく、人間の身体が空間やその空間にいるひとびとと互いに関係しながら、みずからの身体の記憶に促されることでふるまいを決定しているということ。

ズバリ法（設問解析＋ズバリの要素回収）

ℓ5「**居間で立ったままでいること**」＝**不自然**（空間が求める挙措の「風」に合わない）

↓ ℓ7「**いたたまれなくなって**、**腰を下ろす**（＝**からだで憶**(おぼ)**えているふるまい**）」

ℓ8「**からだはひとりでにそんなふうに動いてしまう**」

からだが家のなかにあるというのは**そういうこと**だ。

ℓ10「**からだの動きが**、空間との関係で、ということは同じくそこにいる他のひとびととの関係で、**ある形に整えられている**ということだ」

ズバリの要素

からだが、「**空間との関係**」＆「**他のひとびととの関係**」で、**ひとりでに動いてしまう！**

↓今回はめずらしく、「指示内容」が傍線部直後でより詳しくまとめられていました。また、からだがひとりでに動いてしまう（ある形に整えられる）要因が、「ⓐ**空間との関係**」「ⓑ**他のひとびととの関係**」と、二要素あるところもポイントでした。

消去法

①はまず「(……安定した空間では) **人間の身体が孤立することはない**」が、断定で×。また、身体を動かす要因を「**他のひとびと**(と暮らすなかで)」に限定しているので×。さらに「**身体が侵蝕(しんしょく)されている**」という表現は、さすがにちょっと⊖的すぎますよね。

②は「**たちまち正してしまう**」「**完全に支配されている**」が、断定で×。なんとなく腰を下ろすわけだからね。これだと、居間に入ったが最後、二度と立ち上がれない!?

③は、方向がまったく逆。「**経験してきた動作の記憶を忘れ去る**」「**新しい空間に適応し続けている**」は、むしろバリアフリー空間の説明です。

④の「**人間の身体は空間と調和していくことができる**」は……もしかしたら名言型? あるいはタンコブで×。「**ふるまいを自発的に選択できている**」も、方向性は逆ですね。

⑤は、「(人間の身体が)『**空間**』や『**その空間にいるひとびと**』**と互いに関係しながら**……」と、ズバリの二要素ⓐⓑがそろっています! 後半の「**みずからの身体の記憶に促される**」は……△にしたかな? これは本文の「からだで憶えているふるまい」をあえて言いかえたもの。むしろ正解らしい表現だと思います。

どうですか? 少し手応えを感じてきた? 最後は「比較法」で限界突破です!

「比較法」でトドメを刺せ!

「アーサイショ②ニシテタノニー」症候群?

最後の最後に二つの選択肢で迷って、「②か。いや、④? いやいや……やっぱり④!」

《残念! 正解は、②でした!》「あ~~~~! 最初、②にしてたのにぃ~~~~~!」

〝文部科学省によりますと、現在、こうした「アーサイショ②ニシテタノニー症候群」が全国各地で猛威をふるっており、各教育機関へ注意を呼びかけております〟

現代文という科目の特性なのでしょうか……、二つで迷って最後に間違えても、「くやしい~」とか「そっちか~」とか「アンラッキ~」とか「でも、まあ、ホボ、正解?」なんて軽く済ませていない? で、なぜか本番ではちゃんととれるような気がしていないかい?

本書は「9割とれる」なんて大風呂敷(ぶろしき)を広げておりますが(自覚アリ)、この「**比較法**」を使えない限り、そこは保証しかねます。キミの夢の実現のためにも、また、本書が「誇大広告」として訴えられないためにも、是が非でもマスターしていただきたい! 頼むぞ!

二つまで絞ってからが、本当の勝負だ

まず大前提として、共通テスト現代文の五つの選択肢は、**すべて違う内容**です。もし完全に同じ内容の選択肢が二つあったら、それらは両方とも×に決まっています。

じゃあ当然……キミが迷っている二つの選択肢も、**必ずどこかが違う**はずですよね？

そこで…！「どっちのほうがイイか（ダメか）？」という視点は一旦捨てて……

二つは「どう違うのか？」という視点に切りかえる!!

これが、設問攻略《3段メソッド》第3弾、「**比較法**」の基本方針です。

二つの選択肢が〝違う〟ってことは、その**「違い」の部分にこそ、正解への「カギ」が隠されている**ということ。「どっちがイイか？」なんて、その後で考えればいいんです。

試験前に先生や家族が「落ち着いて、あきらめずに、頑張っておいで！」とか言ってくれるでしょ？　あれはまさに「**冷静に、最後は比較法できっちりトドメを刺してきなさい**！」というアドバイスなのです（たぶん）。焦らずクールに「比較法」を遂行しましょう。

「比較法」使用マニュアル

①頭を切りかえよ　余計なことは考えず、選択肢の「違い」だけに集中せよ！

⬇「早く当てたい」という焦りをしずめ、「ズバリの要素」も一旦忘れ、両選択肢の「**違い」を見つけることだけに集中しよう！**（雑念が入ると、ついつい一方の選択肢をヒイキしちゃうからね。）

②ササッと3往復　両選択肢を、素早く交互に3往復読め！

⬇丁寧に1回ずつ読むのではなく、全体を交互にパッパと3回見くらべる、というイメージで。言い回しなどの細かな違いに執着しすぎず、**両選択肢の**「**決定的な違い**（**対照的な相違点**）」を見極めましょう！

③本文で再確認　「違い」を押さえたら、本文に戻って再チェック！

⬇浮きぼりになった「違い」の要素、実際にはアリなのか、ナシなのか？　**必ず本文で確認**しよう！　くれぐれも、「選択肢」と「自分の頭」の二者面談にならないように。

これぞ比較三原則！　それでは、選択肢だけで「比較法」の練習をしてみましょう。

ミッション 12

次のそれぞれ二つの選択肢の「違い」を説明せよ。

制限時間 2分

問1 傍線部「ことばの世界と身体の生きる世界の二重化」とあるが、その説明として最も適切なものを、次の②・④のうちから一つ選べ。（①③⑤は省略）

（浜田寿美男『「私」とは何か』による）

難易度 ★☆☆☆

② ことばがことばだけで独立した世界を生成し、私たちの身体が実際に生きている現在とはまた別に、私たちがその世界をありありと感じとることができること。

④ ことばによって喚び起こされる想像の世界と、私たちの身体の世界が現実に向かい合っている現在の場面とが、一致して重なり合うように感じられること。

問2 傍線部「とりわけ絹代さんを惹きつけたのは、教室ぜんたいに染みいりはじめた独特の匂いだった」とあるが、「絹代さん」が匂いに惹きつけられたのはなぜか。その理由として最も適当なものを、次の②・⑤のうちから一つ選べ。（①③④は省略）

（堀江敏幸「送り火」による）

難易度 ★★★☆☆

② 自分の名前と結びついたグロテスクな姿態の蚕にまつわる記憶が、墨の匂いによって、家族とつながるなつかしい思い出に変化したから。

⑤ 墨の匂いが死んだ生き物も連想させ、蚕を飼っていた忌まわしい記憶を呼び起こしたが、そのときの生活をなつかしく思い出したから。

「ⓐことばの世界」と「ⓑ身体の生きる世界」の対比構造がポイント。

②　ⓐ**ことばの世界**（ことばだけで独立した世界）
　　ⓑ**身体の生きる世界**（私たちの身体が実際に生きている現在）
　　↓ **別々に存在している！**

④　ⓐ**ことばの世界**（ことばによって喚(よ)び起こされる想像の世界）
　　ⓑ**身体の生きる世界**（私たちの身体の世界が現実に向かい合っている現在の場面）
　　↓ **一致して重なり合っている！**

ⓐとⓑが、②**「別々」なのか**、④**「一致して重なっている」のか**、という違いでした。

ちなみに本文では、「ことばは現実の場面を離れて、**それだけで一つの世界を立ち上げる**……そこにことばの世界と身体の生きる世界の二重化をはっきりと見ることができる。」と書かれており、ⓐとⓑを別々に扱う、②が正解だとわかりますね。

今回の選択肢は、⊕と⊖の価値判断がポイント。

② ⓐイヤな記憶⊖（自分の名前……蚕にまつわる記憶）
ⓑ家族とつながるなつかしい思い出⊕に**変化した**
＝**⊖の記憶が、⊕の思い出に変化した！**

⑤ ⓐイヤな記憶⊖（蚕を飼っていた忌まわしい記憶）
ⓑそのときの生活⊖をなつかしく思い出した
＝**⊖の記憶を、⊖のまま思い出した！**

わかったかな？　②は「⊖⬇⊕」で、⑤は「⊖⬇⊖」、という違いでした。ちなみに本文では、「それなのに、墨の匂いを嗅いだとたん、かつてのおどろおどろしい記憶⊖がなつかしさをともなう思い出⊕にすりかわったのである。」とありまして、②が正解でした。「すりかわった」が、②の「**変化した**」とバッチリ対応しています。

今回、あえて本文を見なかったことにより、**選択肢だけにＭＡＸ集中**できたかな？　これが「比較法」で必要なメンタリティです。この感覚を、忘れないようにね！

「比較法」は、メンタル・コントロール

「比較法」を発動するときは、「**ズバリの要素」を一旦忘れてください**。本文の内容が頭に残っていると、つい一方の選択肢をヒイキしてしまうからです。また、「**消去法」の意識も消してください**。細かい部分が気になって、本質的な「違い」を捉えそこなうからです。

「比較法」の本質は、〝**頭の切りかえ**〟です。「早く正解を決めたい！」「早くどっちかを消したい！」といった気持ちを停止し、選択肢の「違い」を見つけることだけに全神経を集中する。この**メンタル・コントロール**によって、「比較法」は最大の効力を発揮するのです。

共通テスト現代文で9割をとるためには、「比較法」の完全マスターが必須条件となります。

例えば今、①と②の選択肢で迷っているとしましょう。①が正解◎で、②が間違い×です。共通テストのいわゆる「難問」の場合、**正解の①は、わざと本文とは違う表現に置きかえて全体的なレベルを下げ、逆に不正解の②の方は、本文をそのまま写しとったような、とても美しい表現で仕上げられていたりします。**

例えば、ここに二人の結婚相手候補の男性（一郎くん◎／二郎くん×）がいるとします。正解の一郎くんは、全体的に60点ぐらいの、ちょっと好みではない男性。でもまあ、×では

ないと。逆に不正解の二郎くんは、全体的に95点の好みドストライクな男性！　でも一か所だけ大問題が……!?

◎一郎くん【全体的に60点】＝

△顔ぼちぼち／△センスまあまあ／△性格悪くない／△お金そこそこ／◎独身男性

×二郎くん【全体的に95点】＝

◎顔が好み／◎めちゃオシャレ／◎めちゃ優しい／◎超〜〜お金持ち／×妻子持ち

はい、二郎くんダメ〜。両者の「決定的な違い」はもちろん「**独身男性⇔妻子持ち**」の部分ですからね。それに比べれば、顔も服も性格もお金も、大した違いではありません。現代文の選択肢は、たくさん◎がある方が正解なのではなく、**一つでも×があるものが、不正解**なのです。時間に追われて焦って、「全体的にカッコイイ二郎くん」に飛びこまないように、くれぐれも注意してください（8割を下まわっちゃうパターンです）。

なお、「決定的な違い」というのは、「**対照的な相違点**」を見つけることだと考えてください。例えば「カバ」。イヌと比較すれば「大きい方」だし、ゾウとなら「小さい方」、シカとなら「太い方」、サイとなら「ツノが生えていない方」と定義できます。あくまで、**隣と比べてどうか**？　という視点が、「比較法」の本質です。

では最後に、「比較法」を発動させるべき、二種類のケースについて説明しましょう。

《1》どっちも「正解◎」に思える場合

「比較法」の基本パターン。迷っている二つの選択肢を、素早く何度も見くらべます。イメージとしては、二枚の絵を並べて「七つの間違いを探せ！」なんてゲームと似ています。一枚目の絵だけをじーっと見るのではなく、**素早くパッパと見くらべる**のです。

もう一つのポイントは、何度も書きますが、両選択肢の「**決定的な違い**」を押さえることです。細部にこだわりすぎず、全体を大きく見くらべる視点を持ちましょう。

《2》どっちも「イマイチ△」に思える場合

「全体的にイマイチ～」なんて言ってちゃいけません。迷っている二つの選択肢は、それぞれ、いったい**どこが**「**イマイチ△**」**なのか**？　ピンポイントで指摘しましょう。そして回収した「**イマイチ△ポイント**」を、**一つずつ本文で確認**するのです。

なお「イマイチ△ポイント」は、「**設問文**（**傍線部**）」**が解決してくれる**場合も多いです。「選択肢」で少し行きづまったとき、「設問文」と照合してみましょう。「イマイチ△ポイント」は、じつは「傍線部」の一部の言いかえだったなど、一瞬で解決するケースも多いです。

ミッション13

次の文章を読んで、後の問いに答えよ。

寝台自動車がやって来るのが九時の約束で、それまでにまだ少々間があった。そいつがここへ来て停(とま)る、そしておやじを運び出す、……その瞬間がおやじと僕の三十何年間の家庭生活の終(おわ)りになるのだ。人気のない路上に立って海のほうから吹いてくる風にあたりながら、しきりにそのことを思った。すると僕は心のどこかで、とりかえしのつかぬ事態にうかうかと手を貸してしまったような、狼狽(ろうばい)じみた気持に襲われた。おやじが病院へ行くことをあんなに拒んだのも、おふくろが畳の上で死なせてやりたいと言いつづけたのも、つまりは永年見慣れたこの海辺の景色とおさらばすることを言ったのだ。こんな簡単なことだったのだ。それならばなぜ家に置いといてやれなかったのだろう。

（阿部昭「司令の休暇」による）

問 傍線部「狼狽じみた気持に襲われた」とあるが、なぜそのような気持ちに襲われたのか。その説明として最も適当なものを、次の①・④のうちから一つ選べ。（②③⑤省略）

難易度 ★★☆☆

① 永年見慣れた海辺の景色から離れて入院することを嫌がった父母の気持ちを無視し、強引に父を入院させることに、取り返しのつかない罪の意識を覚えたから。

④ 自宅で療養したいと望んでいた父母の願いの意味が、今、やっと分かり、父を家に留めることもできたのに、こうして入院させる自分の迂闊(うかつ)さに気づいたから。

ズバリ法

まず「狼狽（ろうばい）」に注目。**傍線部中に難しい語句がある場合、その「語句の意味」がズバリの要素になる確率が高い**です。意味を解答に反映させるように心掛けてください。

ℓ1「九時に寝台自動車がやってきて、おやじを（病院へ）運び出す」

＝ℓ2「その瞬間がおやじと僕の三十何年間の家庭生活の**終（おわ）りになる**」

（風にあたりながら、しきりに**そのこと**を思った。すると僕は心のどこかで、）

ℓ4「とりかえしのつかぬ事態にうかうかと手を貸してしまったような、狼狽じみた気持に襲われた」※「狼狽」＝うろたえること。

ℓ4「おやじが病院へ行くことをあんなに拒んだのも、おふくろが畳の上で死なせてやりたいと言いつづけたのも、つまりは永年見慣れたこの海辺の景色と**おさらばすること**を言ったのだ。こんな簡単なことだったのだ。それならばなぜ家に置いといてやれなかったのだろう」

比較法

それじゃあ早速、選択肢①と④を「比較法」で料理してみましょう。

①「父母の気持ちを**無視し**」
＝**事情は分かっていた（けど、あえて知らんぷり）！**
④「父母の願いの意味が、**今、やっと分かり**」
＝**事情がマジで分かっていなかった！**
⬇「こんな簡単なことだったのだ」と、今、ふと気づいたんですね。④の勝ち！

①「取り返しのつかない罪の意識を覚えた」
＝**ものすご〜く強い、㊀の意識！**
④「自分の迂闊（うかつ）さに気づいた」
＝**①に比べると、ちょっと軽い㊀の意識！**
⬇「うかうか」と「狼狽じみた」であれば、④ぐらいがちょうどイイね！

「比較法」のコツがわかってきたかな？ では最後、超難問にチャレンジです！

ミッション 14

次の文章を読んで、後の問いに答えよ。

軍功を競う中世までの武士とは異なり、近世幕藩体制下における士族はすでに統治を維持するための吏僚(=役人・官吏)であって、中国の士大夫階級と類似したポジションにありました。その意味では、士人意識には同化しやすいところがあります。一方、中国の士大夫があくまで文によって立つことでアイデンティティを確保していたのに対し、武士は武から外れることは許されません。抜かなくても刀は要るのが太平の武士です。文と武、それは越えがたい対立のように見えます。

しかしそれも、武を文に対立するものとしてでなく、忠の現れと見なしていくことで、平時における自己確認も容易になります。刀は、武勇でなく忠義の象徴となるのです。これは、武への価値づけの転換であると同時に、そうした武に支えられてこその文であるという意識が生まれる契機にもなります。

やや誇張して言えば、近世後期の武士にとっての文武両道なるものは、行政能力が文、忠義の心が武ということなのです。武藝の鍛錬も、総じて精神修養に眼目があります。(中略)

そして寛政(かんせい)以降の教化政策によって、学問は士族が身を立てるために必須の要件となりました。政治との通路は武藝ではなく学問によって開かれたのです。もちろん「学問吟味」という名で始まった試験は、中国の科挙制度のような大規模かつ組織的な登用試験とは明らかに異なっていますし、正直に言えば、ままごとのようなものかもしれません。けれども、「学問吟味」や「素読吟味」では褒美(ほうび)が下され、それは幕吏(=江戸時代の役人)として任用されるさいの履歴に記することができました。武勲(ぶくん)ならぬ文勲です。そう考えれば、むしろあからさまな官吏登用試験でないほうが、武士たちの感覚にはよく適合したとも言えるのです。

（齋藤希史『漢文脈と近代日本──もう一つのことばの世界』による）

問 傍線部「刀は、武勇でなく忠義の象徴となる」とあるが、それによって近世後期の武士はどういうことが可能になったのか。その説明として最も適当なものを、次の①～④のうちから一つ選べ。（⑤省略）

難易度★★★★

① 近世後期の武士は、刀が持つ武芸の力を忠義の精神の現れと価値づけることで、理想とする中国士大夫階級の単なる模倣ではない、日本独自の文と武に関する理念を打ち出すことができるようになった。

② 近世後期の武士は、単なる武芸の道具であった刀を、漢文学習によって得られた吏僚としての資格と、武士に必須な忠義心とを象徴するものと見なすことで、学問への励みにすることができるようになった。

③ 近世後期の武士は、刀を持つことが本来意味していた忠義の精神の中に、武芸を支える胆力と、漢文学習によって獲得した知力とを加えることで、吏僚としての武士の新たな価値を発見できるようになった。

④ 近世後期の武士は、武芸の典型としての刀を忠義の精神の現れと見なし、その精神を吏僚として要求される行政能力の土台と位置づけることで、学問につとめる自らの生き方を正当化できるようになった。

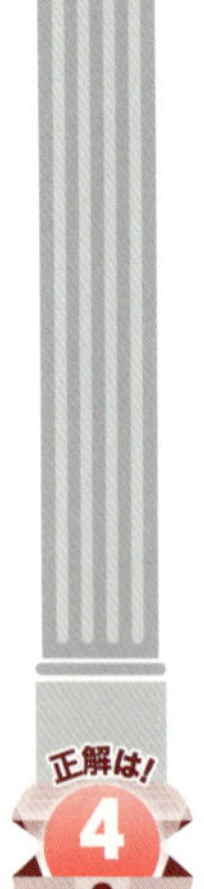

ズバリ法

「武」が精神修養に転換した結果、「文」の存在意義が高まるという内容。刀は、武勇でなく忠義の象徴となる

ⓐ武への価値づけの転換！［**武**］＝**忠義の心**

ⓑ武に支えられてこその文であるという意識！［**文**］＝**行政能力**

＝**文武両道**

⬇寛政（かんせい）以降、**学問**は士族が身を立てるために必須の要件となった。

消去法

①、③を選んだ人は、まだまだ「消去法」の技術不足です！

①は「**理想とする中国士大夫階級**」が、タンコブで×。中国士大夫階級が理想だとは書かれていません。また、それが「**日本独自の文と武に関する理念**」であることが、ここでの主張ではありません。

③は「**本来意味していた忠義の精神**」が×。忠義の心は、後世に生まれたものです。

比較法

②「**単なる武芸の道具**であった刀」
⬇刀を、すごくツマラナイ物㊀として扱っているぞ。

④「刀を**忠義の精神の現れ**と見なし」
⬇傍線部「忠義の象徴」と、うまく対応していますね。

②「**刀**＝×吏僚としての資格＋◎忠義心の象徴」⬇「◎学問への励み」
⬇「刀」が「吏僚としての資格」を示す、という内容がタンコブとして浮かびあがります。
警察手帳じゃあるまいし（笑）。

④「**刀**＝◎忠義の精神」⬇「◎行政能力の土台」⬇「◎学問に……正当化」
⬇「行政能力の土台」は、「武（＝忠義の心）に支えられてこその文（＝行政能力）である」と合致します。ラストは要するに「堂々と学問に励めるようになった」ということだから、「学問は士族が身を立てるために必須の条件」と対応し、これが正解！

選択肢の「違い」を浮きぼりにすることで、正解への道が啓示される。「**比較法**」は、**まさに究極の選択肢攻略法**です。しっかり使いこんで自分の武器にしてください。

「文学的文章」へ宣戦布告する！

「読みやすい♪」＋「おもしろい♪」＝「点数がとれない？」

国語・第2問「文学的文章」では、「小説」の他に「詩」「随筆（エッセイ）」なども出る可能性があるそうですが、ここではしっかり「小説」を極めることに集中しましょう。

ところで皆さんは、小説と評論、どっちが好きですか？　また、どっちが得意ですか？

小説は評論よりも、**読みやすくておもしろい♪**　でもなぜか、**点がとれない**……。毎年、本番が近づくにつれ、こうした不可解な悩みを抱える受験生が増えてきます。じつはこの現象、案外「読みやすくておもしろい♪」というのが、原因なのかもしれませんよ？

「読みやすい♪」⬇とくに主張がないから、要点をつかみにくい！

「おもしろい♪」⬇ついつい感情移入して、解答がブレやすい！

「登場人物の気持ちになって考えよう！」なんて、小学校の「国語」で習ったかもしれませんが……共通テストでソレをやったら完全にアウトです。

文学的文章では、《人間の感情》という、本来は曖昧で複雑でワケのワカラナイものを設問として扱うわけですから、当然、**本文にちゃんと書いてあることしか「答え」にできません**！

だから、登場人物の感情描写に「線引き」し、「ズバリの要素」を押さえ、余計なタンコブを「消去」していく……まさに、**評論と同じ方法論＆同じテンション**で処理していけば、必ず正解にたどり着けるようにできているのです。感情移入して、勝手にドラマを展開したら負け！

本文に書いてある、文字の情報だけでクールに解く!!

これが、文学的文章攻略の基本方針です。それでは早速、**ミッション⑮**にチャレンジしてみましょう！　けっこう難しいのを選んだから、気合い入れて解いてください！

※「宇平」は、叔父（おじ）「九郎右衛門」、家来「文吉」とともに、殺された父の敵討（かたきう）ちの旅へ出た。しかし、手がかりもつかめぬまま資金は乏しくなり、さらに伝染病に感染するなど旅は困難を極めていた。

九郎右衛門の恢復（かいふく）したのを、文吉は喜んだが、ここに今一つの心配が出来た。それは不断から機嫌の変（かわ）り易い宇平が、病後に際立って精神の変調を呈（てい）して来たことである。

宇平は常はおとなしい性（たち）である。それにどこか世馴（よな）れぬぼんやりした所があるので、九郎右衛門は若殿と綽名（あだな）を附（つ）けていた。しかしこの若者は柔い草葉の風に靡（なび）くように、何事にも強く感動する。そんな時には常蒼（あお）い顔に紅が潮して来て、別人のように能弁になる。それが過ぎると反動が来て、沈鬱（ちんうつ）になって頭を低（た）れ手を拱（こまぬ）いて黙っている。

宇平がこの性質には、叔父も文吉も慣れていたが、今の様子はそれとも変って来ているのである。朝夕平穏な時がなくなって、始終興奮している。苛々（いらいら）したような起居振舞をする。（中略）

こう云（い）う状態が二三日続いた時、文吉は九郎右衛門に言った。「若檀那（わかだんな）の御様子はどうも変じゃございませんか」文吉は宇平の事を、いつか若檀那と云うことになっていた。

九郎右衛門は気にも掛けぬらしく笑って云った。「若殿か。あの御機嫌の悪いのは、旨（うま）い物でも食わせると直るのだ」

九郎右衛門のこう云ったのも無理はない。三人は日ごとに顔を見合っていて気が附かぬが、困窮と病痾と羇旅との三つの苦艱を嘗め尽して、どれもどれも江戸を立った日の俤はなくなっているのである。

（森鷗外「護持院原の敵討」による）

問 傍線部「あの御機嫌の悪いのは、旨い物でも食わせると直るのだ」とあるが、九郎右衛門は宇平の様子をどのように見ているのか。その説明として最も適当なものを、次の①～⑤のうちから一つ選べ。

難易度 ★★★★☆

① 宇平をまだまだ未熟だと思っている九郎右衛門は、宇平の心の変化を、旅の苦難が引き起こした肉体的な衰弱からくるいらだちぐらいに受けとっている。

② 宇平が何不自由なく育ったことをよく知る九郎右衛門は、宇平の変化は食事の貧しさによると見ており、なんとか栄養のあるものを食べさせたいと考えている。

③ 苦難をともにする文吉をいたわる九郎右衛門は、文吉を心配させまいとして冗談を言ったまでであり、内心では宇平の変調と栄養状態は関係ないと思っている。

④ 物事を気にせずおおざっぱな性格の九郎右衛門は、宇平のきまじめさが理解できず、宇平は短気を起こしているだけで、忍耐力が不足しているととらえている。

⑤ 思慮深い性格の九郎右衛門は、敵討ちに支障がないよう、冗談に紛らわしているが、心の内では、度重なる苦難に宇平は耐えられなくなってきたと見ている。

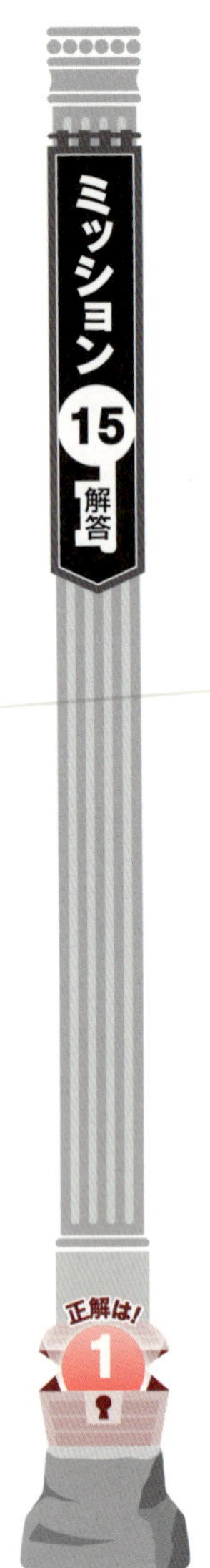

ズバリ法

方法は評論とまったく同じ。傍線部の前後から、九郎右衛門の感情描写を集めます。

九郎右衛門 ↓ ℓ11「**気にも掛けぬらしく**⊕」「**笑って**⊕」云った。

ℓ11「若殿か。あの御機嫌の悪いのは、旨い物でも食わせると直るのだ」

消去法

ズバリの要素はたったのコレだけ！　タンコブをサクサク消していきましょう。

①（△）の「（宇平を）**まだまだ未熟だと思っている**」を、なんとか△でキープできたかどうかがポイント。直接そんなことは書かれていないけど、「旨い物でも食わせると直る」なんてセリフは、宇平を〝子供扱い〟していると解釈……できなくもないよねぇ？

②（×）の「**宇平が何不自由なく育った**」は、断定＆タンコブで×。宇平が過保護のおぼっちゃまだなんて、書いていなかったですよね。そしてラストの「（栄養のあるものを）**食べさせたい**」がタンコブで×。①と比べて、情報が一段階、余分でしょ？

③（×）は「**宇平の変調と栄養状態は関係ない**」が断定で×！　傍線部の「旨い物でも食わせる

と直る」と矛盾します。本文の文字情報を、そのまま素直に解釈しましょう。

④の「**宇平のきまじめさ**」は、本文にナシで×。さらに、もし「忍耐力が不足している」のだとすれば……旨い物を食わせるぐらいでは直りませんよね。

⑤が、①の対抗馬かな？「**敵討ちに支障がないよう**、**冗談に紛らわしている**」「**度重なる苦難に宇平は耐えられなくなってきた**」あたりを△でキープして、いざ決勝戦！

比較法

①「**肉体的な衰弱からくるいらだちぐらいに受けとっている**」

＝**事態を、そんなに重くは受け止めていな～い。**⊕（旨い物を食えば直るでしょ？）

⑤「**度重なる苦難に宇平は耐えられなくなってきた**」

＝**事態を、けっこう深刻に受け止めている！**⊖（旨い物を食ったって無理っぽい！）

⬇「**気にも掛けぬらしく笑って云った**⊕」のだから、①の勝ち！

なお、①の「**宇平をまだまだ未熟だと思っている**」ですが、「**若殿**」という綽名が、宇平の「**世馴れぬぼんやりした所**」から付けられたものだという経緯から、ここはギリギリセーフ◎！　それに対し、⑤の「**敵討ちに支障がないよう**（冗談で紛らわす）」って前提は、やはりタンコブで×ですね。九郎右衛門は、〝気にも掛けていない〟のですから。

7時間目のスゴ技!!

感情描写を、文字通り〝素直に〟解釈せよ

ニコニコ⊕ — 笑う⊕ — 楽しい⊕ 【素直な組み合わせ◎】

メソメソ⊖ — 泣く⊖ — 悲しい⊖ 【素直な組み合わせ◎】

笑っていたら「楽しい⊕」！ 泣いていたら「悲しい⊖」！ 文学的文章では、本文の内容を**いかに文字通り〝素直に〟解釈できるか**が、勝負のポイントとなります。例えば、サイフを落としてメソメソ泣いていたら、当然「悲しい⊖」と解釈できますよね。でも、何も書いてなかったら……「**特に、何とも思っていない**Ⓝ」と解釈するのです！ 極端な話、ニヤニヤ笑っていようものなら……「楽しい⊕」なんて解釈しなければならないのです！

解釈を安定させるため、「線引き」は有効な手段となります。文学的文章では「登場人物の考え・感情描写」、つまり「思ったこと」「感じたこと」「考えたこと」などに線を引きます。そして、主観を入れず、**押さえた文字情報だけで冷静に処理する**！ これが、文学的文章攻略の大切な心構えです。

たかが3点？　されど3点！　問1「語句知識問題」攻略

それでは続いて、文学的文章〝名物〟「語句知識問題」の攻略法にまいりましょう。

なんせ「知識問題」ですからね〜。基本的には「知らなきゃ、アウト」なんですが……、次の手順で処理していけば、正解率はぐーんとUPするのです！

《1》まずは普通の傍線部問題と同様に対処する

要するに、**ズバリ法**からはじめるのです。「語句知識問題」では、多くの場合、傍線部の前後一行以内に何らかの「ヒント・手がかり（＝ズバリの要素）」が存在します。それをきちんと押さえてから、選択肢に臨みましょう。ただし、**文脈だけで正解を〝確定〟してはいけません！**　あくまでも「消去法の材料」と捉え、次のステップへ進みます。

《2》「知っている語句」の場合は、知っている意味（辞書的定義）を基準に選ぶ

設問では《本文中における意味として適当なものを選べ》と問われますが、本質はあくまでも「知識問題」です。正解の依存度としては、「文脈3／知識7」というバランスを肝に銘じてください。その語句は普段「**どんな場面で、どんなふうに使われているのか？**」

を冷静に思い出し、判断材料としましょう。なお**辞書的定義**とは、**辞書に載っている最も一般的な意味**を指します。「辞書なら、こんなふうに説明しているんじゃないか？」「辞書には、こうは書かれていないだろう！」といった視点で選択肢を吟味していきます。辞書的定義が正解の基準だということは、**ヘンチクリンな日本語**は無条件で×となります！

《3》「知らない語句」の場合は、漢字一つずつの意味から全体を推理する

「語句（熟語や慣用句）」の意味は、「漢字（ことば）」の組み合わせによって成り立っています。語句を一旦バラバラにし、漢字一つずつの意味からさかのぼっていけば、正解に近づけます（例：「放心」＝「心」が「放」たれること）。また、**選択肢×パターン「大は小を兼ねる！」**（⬇P83）などが有効ですので、最後まで粘りをみせましょう！

最後に、**ミッション⑯**。私が厳選した、極上の5問に挑戦してみてください！

ミッション16 傍線部の本文中における意味として適当なものを、それぞれ一つ選べ。

制限時間 3分

問1 主人はいつもの上機嫌で心得顔に二人をむかえ、包みをうけとって奥へ消えたまま出てこない。ついさっき、気むずかしい顔つきの男が呼ばれて奥へ去ったのも、包みにかかわりがあると思われて弟は不安だった。

（野呂邦暢「白桃」による）

難易度 ★★★☆☆

心得顔

① 何かたくらんでいそうな顔つき
② 扱いなれているという顔つき
③ いかにも善良そうな顔つき
④ 事情を分かっているという顔つき
⑤ 何となく意味ありげな顔つき

問2 その夜、講演会場から旅館へ戻ると、部屋の隅の縁近いところに、妹は予想していたよりは明るい顔で、小ざっぱりした身なりをして坐（すわ）っていた。グレイのスカートを履き、純白の毛糸のセーターを着、髪は流行のショートカットで、実際の年齢は三十四歳なのに、一見すると二十四五歳にしか見えなかった。

（井上靖「姨捨」による）

難易度 ★★★☆☆

小ざっぱりした

① もの静かで落ち着いた
② さわやかで若々しい
③ 上品で洗練された
④ 清潔で感じがよい
⑤ 地味で飾り気のない

問3 甘ったれた芝居はやめろ。いまさら孝行息子でもあるまい。わがまま勝手の検束（＝一時警察に留置されたこと）をやらかしてさ。よせやいだ。泣いたらウソだ。涙はウソだ、と心の中で言いながら懐手して部屋をぐるぐる歩きまわっているのだが、いまにも、嗚咽が出そうになるのだ。私は実に閉口した。煙草を吸ったり、鼻をかんだり、さまざま工夫して頑張って、とうとう私は一滴の涙も眼の外にこぼれ落さなかった。

（太宰治『故郷』による）

難易度 ★★★☆☆

閉口した

① 悩み抜いた　② がっかりした
③ 押し黙った　④ 考えあぐねた
⑤ 困りはてた

問4 この時刻、キャフェのなかは満員で、異様な髪をした少女や肋骨のような外套を着て、髭をはやした青年たちが店の中を右往左往している。煙草の煙が濛々とたちこめ色々な国の言葉が耳に飛びこんでくる。どれもこれも自分を芸術家だと信じこんでいる連中ばかりなのだ。私は七年前も今も巴里にたむろする無数のこういう連中を軽蔑し、屑だと考えている。

（遠藤周作「肉親再会」による）

難易度 ★★★★☆

たむろする

① 芸術家になった気分に浸っている　② 自分の夢を求め群れ集まっている
③ チャンスを求めてうろついている　④ 身勝手な芸術論を言い合っている
⑤ 雑談にふけってすわり込んでいる

問5　積乱雲が輝く季節はとっくに終わって、谷の上の空は層積雲が山脈の向こうから波打ちながらなだれひろがっていた。谷は冷え始め、もう上昇する暖かい空気はない。手製起重装置を苦心して操って予定の仕事を終えると、男は石切場の端の切り立った崖の上に立って、谷の下手の方へと谷の上を押し流れてゆく厚い雲のうごめきを眺めた。

風の複雑な運動によって雲は生まれ動き消えるが、基本的に風すなわち大気を動かす要因はふたつ。暖かい軽い大気は上へ、冷たい重い空気は下へ。そしてもうひとつは地球の自転。体には感ずることのできない地球の自転を目に見せてくれるのが、大気の複雑な流れと雲の動き、そして耳に聞かせてくれるのが風の音だ。

（日野啓三「風を讃えよ」による）

難易度 ★★★★★

うごめき

① 絶え間のない重苦しい動き
② あたり一面に広がっていく壮大な動き
③ とまって見えるほど悠々とした動き
④ まわりのものを圧倒する力強い動き
⑤ かすかで複雑な動き

「いつもの『**上機嫌⊕**』で」とありますから、「心得顔」は⊕**の内容**だと判断できます。そして、「心得顔」＝「**心得**」**ている**、「**顔**」！ 分解完了。では、選択肢へ。

①は、**悪事を企てることですから⊖で×。**

②の「扱いなれている」は、「ボールさばき」「包丁さばき」などのように《動き》を表す言葉ですから、「顔つき」と直接つなげるのは、**日本語として正しくないので×。**

③はたんなる⊕で、「**心得**」**のニュアンスがまったく入っていないから×。**

④の「**事情を分かっている**」は、「**心得（ている）**」とぴったり合致。完璧な正解！

⑤の「意味ありげな顔つき」は、知られたくないのであろう秘密を握っているときに出す、含みを持たせたイヤラシイ「ニタニタ顔」でしょ？ 基本的に⊖の顔だから×！

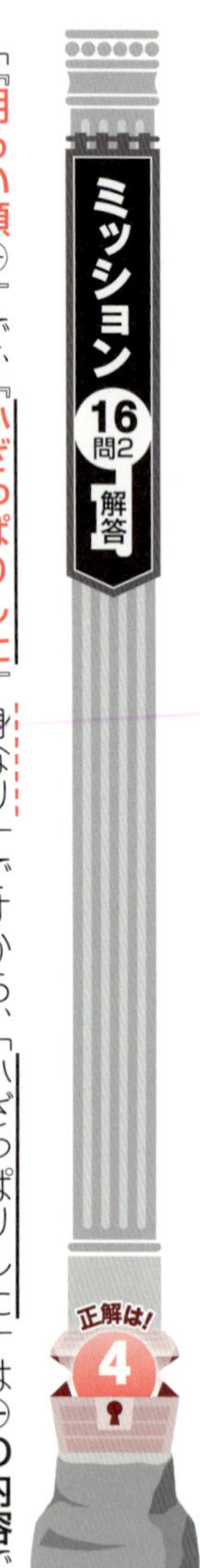

「『**明るい顔⊕**』で、『**小ざっぱりした**』身なり」ですから、「小ざっぱりした」は⊕**の内容**で、「**身なり**（服装）」**を形容する言葉**だと判断できます。さらに、「小ざっぱりした」＝「**小（ちょっ**

と）」＋「**さっぱりした**」で、分解完了。

①は、「身なり」はそもそも音がしないから、「もの静か」は**日本語的に×です**！

②の「小ざっぱりした」って言葉、辞書に「若々しい」なんて意味が書いてあると思いますか？　文脈的にはアリだとしても、**辞書的定義から推理して×**。

③は、「ちょっとさっぱりした」にしてはゴージャスすぎるから×。

④は、例えば髪を切って「さっぱりした」＝「清潔で感じがよい」。**⊕のレベルがちょうどいい**でしょ？　コレが正解！

⑤は、「地味」が**⊖だから×**。「今日は地味でイイね～」なんて言ったら、怒られますよ！

ここは本文の構造から。泣いちゃダメだけど、嗚咽（おえつ）（泣き声）が出そうになる、その結果「**閉口した⊖**」と。この状況、正しく押さえられたかな？　では選択肢へ。

③にした人、ダメ～！　「閉口」っていう、漢字だけで考えたでしょ？　「**文脈3／知識7**」！　つまり「**文脈**」**も**「**3**」**割は意識しなきゃいけない**のです。だいたい「**嗚咽が出そう**」で困ってるのに、思わず「押し黙」れたら……お悩み解決じゃん（笑）。

②はストーリーとまったく合わないから×。

①④⑤は方向性が似ていますね。こういう場合は選択肢×パターン「**大は小を兼ねる！**」（⬇P83）が有効です。①「悩み抜いた（小）」や、④「考えあぐねた（小）」を選ぶなら、それらを包みこむ⑤「**困りはてた（大）**」**を選びましょう**。内容的に説明すると、①は「悩んでいる状態から抜けだし、**ある結論に達した状態**⊕」だから×。④は「考えが行きづまる状態⊖」です。「嗚咽が出そう」なのは生理現象であり、**考えではないから×**。

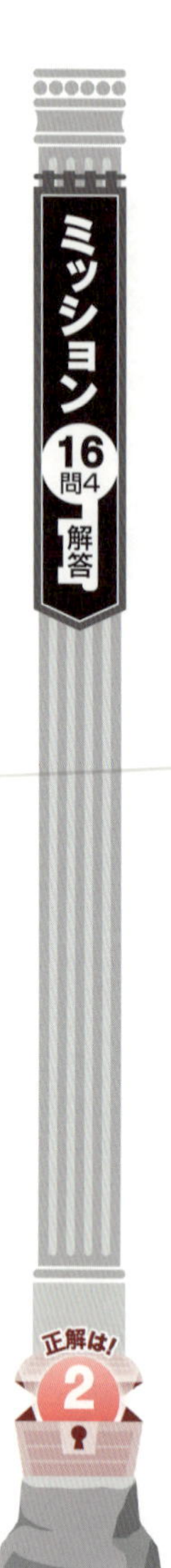

これは見たことのある語句ですよね。「渋谷の街にたむろする若者たち」というのです。

①は文脈的にアリですが、知識（たむろする）で考えれば全然ダメ。

②③④⑤は……「**大は小を兼ねる！**」で処理すれば、②**が一番大きい**ってことがわかるでしょ？　②「群れ集まっている」なかには、③「うろついている」人も、④「言い合っている」人も、⑤「すわり込んでいる」人も含まれるわけです。（⑤を選んだ人は、ヤンキーがコンビニの前で座りこんでいるイメージに引っぱられたね！）

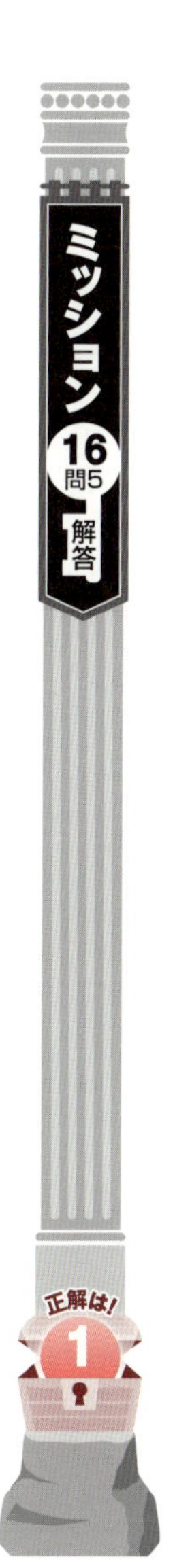

レベルMAXの超難問！ **文脈よりも知識（知っている意味）を優先**！ この言葉、どんな場面で使われる？ うごめくものといえば……「虫」あたりが頭に浮かんだかな？ ちなみに漢字では「蠢き」と書きます（春になって虫がモゾモゾ動く、の意）。

①ですが、「うごき」に比べて「**うごめき**」にはモゾモゾモゾモゾとした「絶え間のない」連続性を感じます。「重苦しい動き」は微妙だけれど、逆の言葉（「軽やかさ」や「俊敏さ」）と対比して考えれば、しっくりくるのでこれが**正解◎**。

②③④の「壮大な動き」「悠々とした動き」「力強い動き」は、それぞれ「（虫の）**うごめき」と合わないので×**。雲の描写に流されてはいけません！

⑤がおもしろい。「かすかで／複雑な動き」って、そんな動き、見たことある？ 知識問題の正解は「辞書的定義＝正しい日本語」が基本です。だから冷静に考えて、自分で表現できないような**ヘンチクリンな選択肢は×**だと考えてください。

おつかれさまでした。語句知識問題は、パターンとして暗記するつもりで読みこんでください。8時間目は、さらにディープな文学的文章の世界へご案内いたします。

「文学的文章」を完全制圧する！

「イラッ」とするにも、《きっかけ》が必要

前回の講義で、小説（文学的文章）の「傍線部問題」攻略の秘訣(ひけつ)は、**余計な感情移入を抑え、本文に書いてある文字の情報だけで解く！**　つまり、**評論（論理的文章）と同じ方法論&同じテンションで設問を処理することだ**と書きました。しかし、小説は「人間の感情」を扱うという点で、評論とはひと味違う方法論が要求される場合があります。今回は、小説だけの〝スペシャル〟な攻略法を二つ、皆さんに伝授しようと思います。

さて、ここに傍線部「涙がこぼれた」があるとしましょう。これ……①「悲しくて」、②「悔しくて」、③「うれしくて」、④「机の角に足の小指をぶつけて」、⑤「あくびが出て」などなど……、原因によって「涙」の意味はまったく違ってきますよね。

さらに、次の場合はどうでしょうか？

彼女にフラれ、ショックで成績が落ち、鳩(はと)のフンが後頭部を直撃し、遅刻して先生に怒鳴られ、トイレにスマホが水没し、自転車のサドルを盗まれ、飼っていたクワガタが死に、番組の録画を失敗していた。落ちこんでいると親友が、「元気出せよ。俺はいつでも、お前の味方だからな」と声をかけてくれた。すると突然、涙がこぼれた。

それではここで問題です。「傍線部『涙がこぼれた』とあるが、その理由は？」

ん〜。彼が一番悲しかったのは、彼女にフラれたこと？　スマホ？　サドル？　クワガタ？　それとも、全部？　……〝一番の原因〟なんかをアレコレ想像することより、ここで大切なのは、**「涙がこぼれた」直接の《きっかけ》を押さえること**です。

文学的文章攻略法①《きっかけパターン》

傍線部の感情・行動に至った《きっかけ》を、ピンポイントで押さえよう!!

涙がこぼれたり、イラッとしたり、思わず「うそ〜ん！」と叫んだり……人間の感情や行動の発露・変化には、多くの場合、何らかの《**きっかけ**（**動機・原因**）》が伴います。

《きっかけ》

親友に温かい言葉をかけられた。 ⬇ 《感情・行動》 涙がこぼれた。

電車で足を思いっきり踏まれた。 ⬇ イラッとした。

好きな女性に彼氏がいると判明。 ⬇ 思わず「うそ〜ん！」と叫んだ。

《きっかけ》は、傍線部の**感情・行動に直結する**わけですから、傍線部の**心理解読には絶対に欠かせない要素**となります。まずは傍線部に直結する**《きっかけ》**をピンポイントで押さえ、「**ズバリの要素**」**として積極的に採用してください**！ 逆に《きっかけ》を含まない、あるいは《きっかけ》が間違っている選択肢は、無条件で×となります。

ちなみに、先ほどの例だと「つらい出来事が積み重なる中、**親友に温かい言葉をかけられ**、思わず感極まった（緊張の糸が切れた）から」といった内容が正解になります。

それではこの《きっかけパターン》を、実践トレーニングしてみましょう。

ミッション17

次の文章を読んで、後の問いに答えよ。

制限時間 4分

※本文は、小学生の時田秀美と数人の仲間が、大好きな白井教頭に「生きてるのと、死んでるのって、どう違うんですか？」という質問をし、そこからみんなで意見を出し合い盛り上がっている場面である。

まあまあ、と言うように、白井は、子供たちを制した。

「なかなか、当たってるかもしれないぞ。でもな、心臓が止まっても呼吸が止まっても、お医者さんは、死んだと認めないこともあるんだぞ。それだけでは、生き返る場合もある」

白井の言葉に衝撃を受けて、子供たちは、顔を見合わせていた。信じられなかった。どうやら、死ぬのには、色々な条件があるらしい、と悟ったのは、この時が初めてだった。

「先生は、どう思うんですか？」

秀美は、もどかしそうに尋ねた。すると、微笑を浮かべて、白井は、自分のワイシャツの袖をまくり上げて、腕を出した。

「先生の腕を噛(か)んでみる勇気のある奴(やつ)はいるか？」

意外な質問に、子供たちは、驚いて言葉を失っていた。

「ぼく、やります！」

秀美は、呆気(あっけ)に取られる仲間たちを尻目に、いきなり、白井の腕に噛みついた。（中略）

「わあ、血が出てる」

誰かが呟いた。秀美は、自分の唇を指で拭った。口の中が生温く、錆びたような味が漂っていた。

「どうだ、時田、先生の血は？」

「あったかくって、ぬるぬるします。変な味がする」

「それが、生きているってことだよ」

白井の言わんとすることを計りかねて、子供たちは顔を見合わせた。秀美は、軽い吐き気をこらえながら、白井の次の言葉を待った。

「生きている人間の血には、味がある。おまけに、あったかい」

「じゃ、死ぬと味がなくなっちゃうんですか？」

「そうだよ。冷たくて、味のないのが死んだ人の血だ」

へえっと、驚きの声が上がった。

「だからな、死にたくなければ、冷たくって味のない奴になるな。いつも、生きてる血を体の中に流しておけ」

「どうやったら、いいんですか？」

「そんなのは知らん。自分で考えろ。先生の専門は、社会科だからな。あんまり困らせるな。それから、時田、このことも覚えとけ。あったかい血はいいけど、温度を上げ過ぎると、血が沸騰して、血管が破裂しちゃうんだぞ」


（山田詠美「眠れる分度器」による）

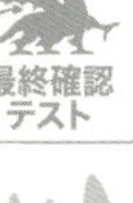

1時間目 2時間目 3時間目 4時間目 5時間目 6時間目 7時間目 8時間目 9時間目 10時間目 最終確認テスト

問 傍線部「微笑を浮かべて、白井は、自分のワイシャツの袖をまくり上げて、腕を出した」とあるが、この白井の行動にはどのような気持ちが込められているか。その説明として最も適当なものを、次の①～⑤のうちから一つ選べ。 難易度★★★★☆

① 秀美には自分の中に興味や疑問が生じると性急に答えを求めたがる傾向がある。そんな彼のことを好ましく思いながらも、秀美の心のはやりをなだめ、一緒にみんなで考えるきっかけをつくろうとする気持ち。

② 心臓や呼吸が止まっただけでは人間の死とはいえないという話をしたことで、子供たちの表情はそれまでにない真剣なものに変わった。そこで、この場を利用して子供たちに人間の生命の大切さを理解させようとする気持ち。

③ 子供たち自身でものを考えるように会話をしむけることで、とりあえず子供たちの興味を引きつけることはできた。しかし、秀美だけは納得がいかない表情なので、わざと彼の勇気を試すようなものの言い方をして挑発する気持ち。

④ 人間の生と死にまつわる問題を子供たちと考えるのだから、いいかげんな理屈ではぐらかすわけにはいかない。だが、子供たちの目の前で、どうしたら生きていることの証（あかし）を見せてやることができるだろうかと思案する気持ち。

⑤ 好奇心が旺盛なくせに、普段は子供たちの仲間に入っていけない秀美が、いまやっと心を開こうとしている。絶好の機会だから、もっと彼の注意を引きつけて、人と人とが深く関わっていくことの楽しさを教えようとする気持ち。

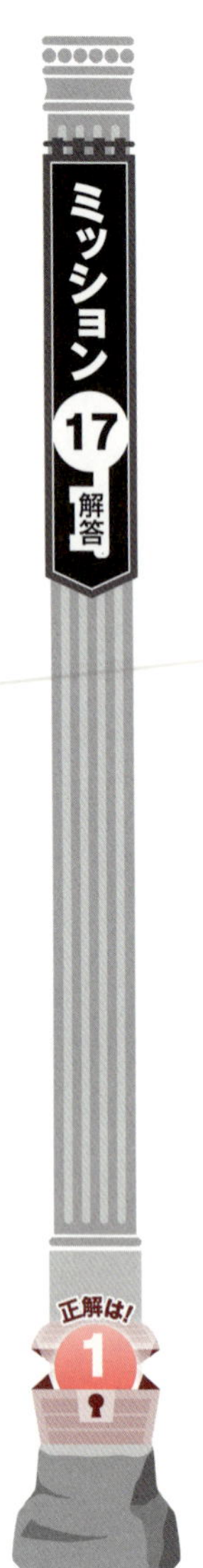

ズバリ法

ℓ6「先生は、どう思うんですか？」秀美は、もどかしそうに尋ねた。《＝きっかけ！》
すると、
微笑を浮かべて、白井は、自分のワイシャツの袖をまくり上げて、腕を出した。

消去法

△①の「**秀美には……答えを求めたがる傾向がある**」は、微妙だから△。さらに「**彼のことを好ましく思いながらも**」も、△にしておく？「**秀美の心のはやりをなだめ**」は、「**もどかしそうに尋ねた**」という《**きっかけ**》にバッチリ対応！　とりあえずキープ。

×②の「**子供たちの表情はそれまでにない真剣なものに変わった**」ことは、白井が袖をまくり上げた直接の《**きっかけ**》ではないので×。

△③の「**秀美**」が「**納得がいかない表情なので**」は、秀美の言動を《**きっかけ**》にしているという点で、◎。ただ「**もどかしい**」と「**納得がいかない**」は意味が違うので……△か。

×④は、《**きっかけ**》がない!?　「**子供たちの目の前で……できるだろうかと思案する**」ため

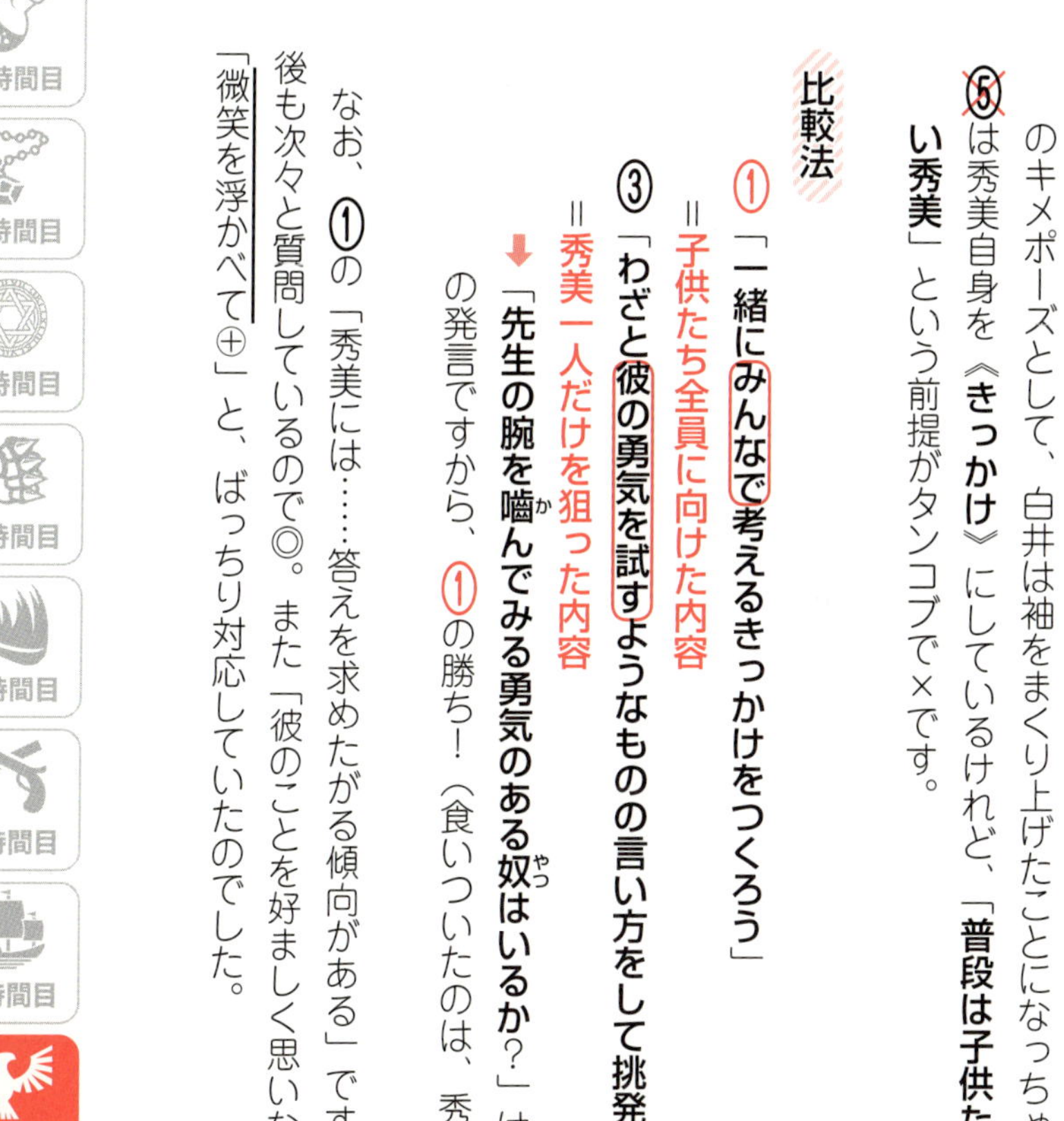

のキメポーズとして、白井は袖をまくり上げたことになっちゃいます。

⑤は秀美自身を《**きっかけ**》にしているけれど、「**普段は子供たちの仲間に入っていけない秀美**」という前提がタンコブで×です。

比較法

①「**一緒にみんなで考えるきっかけをつくろう**」

＝**子供たち全員に向けた内容**

③「**わざと彼の勇気を試すようなものの言い方をして挑発する**」

＝**秀美一人だけを狙った内容**

⬇「**先生の腕を噛んでみる勇気のある奴はいるか？**」は、子供たち全員に向けての発言ですから、①の勝ち！（食いついたのは、秀美だけどね。）

なお、①の「秀美には……答えを求めたがる傾向がある」ですが、たしかに秀美はその後も次々と質問しているので◎。また「彼のことを好ましく思いながらも⊕」は、傍線部の「微笑を浮かべて⊕」と、ばっちり対応していたのでした。

文学的文章攻略法②《ニュートラル・パターン》

「ヒントなし」も、「ヒント」である！

続いては、文学的文章攻略の究極パターン！

筆者の主張がギッチリ詰まっている論理的文章と比べて、文学的文章では、「情景描写」や「状況説明」などがダラダラと続き、解答の手掛かりとなる登場人物の「感情描写」がぜんぜん書かれていな〜い！　……なんてケースがしばしばあります。

もし、傍線部の前後に具体的な「**ズバリの要素**（＝**登場人物の感情描写**）」**が、ほとんど存在しない**場合、その登場人物は――彼女にフラれようがスマホが水没しようがサドルが盗まれようがクワガタが死のうが――「特別には、何とも思っていない」と判断します。

選択肢からは、最も**ニュートラル**（**中間的・中立的**）なもの、つまり、最も〝強い意味〟のないものを選んでください。逆にいえば、余分な感情描写はすべてタンコブと判断して、サクサク消去していけばいいのです。……ここは論より証拠。**ミッション⑱**で実際に体験してみましょう。

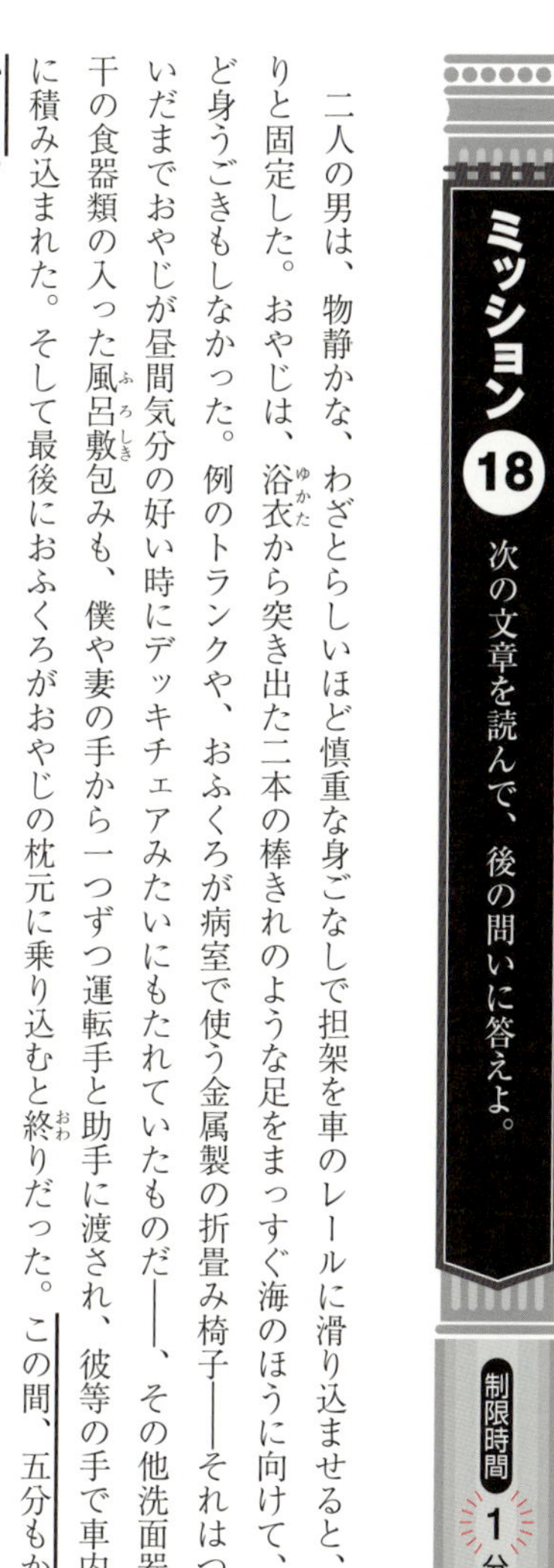

ミッション18
次の文章を読んで、後の問いに答えよ。
制限時間
1分

　二人の男は、物静かな、わざとらしいほど慎重な身ごなしで担架を車のレールに滑り込ませると、しっかりと固定した。おやじは、浴衣から突き出た二本の棒きれのような足をまっすぐ海のほうに向けて、ほとんど身うごきもしなかった。例のトランクや、おふくろが病室で使う金属製の折畳み椅子――それはついこないだまでおやじが昼間気分の好い時にデッキチェアみたいにもたれていたものだ――、その他洗面器とか若干の食器類の入った風呂敷包みも、僕や妻の手から一つずつ運転手と助手に渡され、彼等の手で車内の隙間に積み込まれた。そして最後におふくろがおやじの枕元に乗り込むと終りだった。この間、五分もかからなかった。

（阿部昭「司令の休暇」による）

問　傍線部「この間、五分もかからなかった」とあるが、ここには「僕」のどのような思いがうかがわれるか。その説明として最も適切なものを、次の①～⑤のうちから一つ選べ。

難易度 ★☆☆☆

① （父親が病院に行く準備があっという間に終わって）、拍子抜けしたように感じている。
② （係の男たちが入院の準備を整えた）、その手際のよさに驚き、感心してしまっている。
③ （入院を拒んでいた父親がじっとしていてくれたので）、ほっと安堵を覚えている。
④ （あっけなく入院の準備が整えられてしまったので）、残念に思い、茫然としている。
⑤ （短時間で入院の準備を終えた係の男たちの）、その性急さへの強い反感を抱いている。

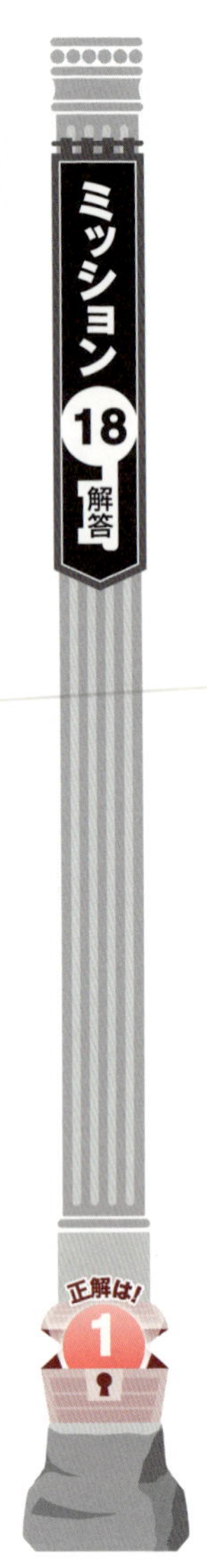

ズバリ法

傍線部の前後から「『僕』の思い」を探すわけですが……おや!? 感情描写がまったく書かれていませんぞ?

ハイ、こんなときこそ、**《ニュートラル・パターン》**発動のチャンスです! 選択肢のなかから、最も個性のない、**中立的Ⓝなもの**を選びましょう。

消去法

①「**拍子抜け**Ⓝ」　②×「**驚き、感心**⊕」

③×「**ほっと安堵**（あんど）⊕」　④×「**残念**⊖・**茫然**（ぼうぜん）」

⑤×「**強い反感**⊖」

①の「拍子抜け」が最も「ニュートラル!」ってことで、これが正解。①以外の選択肢は、余計な⊕⊖の価値観が表明されていますから、すべてタンコブで×です。

8時間目のスゴ技!!

「ヒント」が少ないときは、逆に「チャンス」と捉えよう

本文に、ヒントとなる「**ズバリの要素**（＝**感情描写**）」**がまったく存在しない場合**は、最も「意味（個性・主張）」のない**中立的な選択肢を選ぶ**、というのが《ニュートラル・パターン》の基本方針です。これは小説に限らず、詩やエッセイにも有効です。

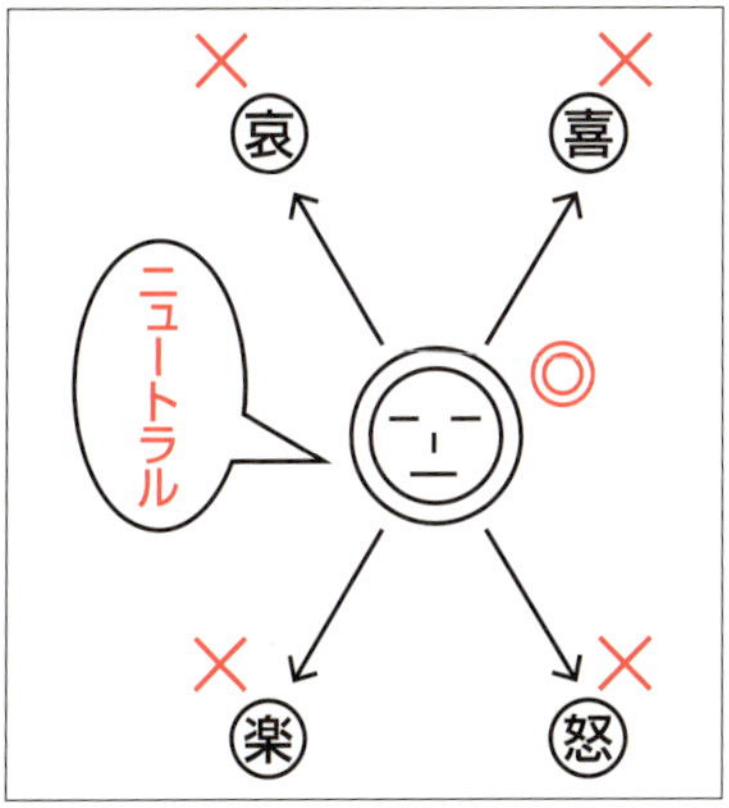

〔図：中央の顔から喜・怒・哀・楽へ矢印（いずれも×）、中央に◎、吹き出し「ニュートラル」〕

また、「**ズバリの要素**」**が非常に少ない**（**ちょっとだけある**）**場合**は、少ない「ズバリの要素」をきちんと押さえ、「喜⊕・怒⊖・哀⊖・楽⊕」など、余計な〝意味〟の含まれる選択肢をタンコブとしてサクサク消去していけばいいでしょう。

文学的文章の《ニュートラル・パターン》に限らず、論理的文章においても、**消去法の基本は《タンコブ狩り》**だという意識を持てば、選択肢の処理スピードはかなり上がります！

ミッション19 次の文章を読んで、後の問いに答えよ。

背後ではすでに立ち並んだ石柱が鳴っていた。風はまだ本格的な山おろしの北風ではない。冬の本当の烈風は石の縁で笛のように甲高(かんだか)い音を発するのだが、まだゆるい風による低く鈍い音は、それだけに地球の自転する重い響きのようにも聞こえる。

暗黒で無限の宇宙空間の中を、大気という薄い膜に包まれてひたすら回転し続ける地球という巨大な岩石の孤独さが感じられる気がした。何らかの最初の物理的なきっかけのようなものはあるとしても、理由も目的も恐らくは意味もない回転。誰が回したのでもない回転。そんな回転を続けさせる見えない力。

冷え冷えとした感覚が意識を浸す。このストーンサークルが完成するとして、そこでさまざまな形の石塊の輪と石板に鳴る風の音が交響し合って啓示されるのは、理由も意味もなくこの惑星を回転させるその力の存在なのだろうか。

見捨てられた広大な石切場は、灰色の空の下で陰々と静まり返っている。切り取られた灰白色の肌を剝(む)き出しに風にさらしたまま。その遙(はる)か上で切り崩されなかった山肌の樹々が、密雲のうなりとともにざわめいている。

男は切迫した気分で崖縁から引き返し始めた。

石の輪の傍(かたわら)に小さな人影があった。

（日野啓三「風を讃えよ」による）

問 傍線部「冷え冷えとした感覚が意識を浸す」とあるが、それはどのような状態をいっているのか。その説明として最も適当なものを、次の①～⑤のうちから一つ選べ。

難易度 ★★★☆☆

① 宇宙空間の中を回転し続ける地球の発する音を思わせる風の音に、その運動の根源にある、人間的な理由や目的を超えた目に見えない力を感じとり、その力の前で圧倒されている状態。

② 大気の複雑な流れや雲の動きあるいはゆるい風の音に、無限の宇宙空間の中を意味もなく回転し続ける地球という巨大な岩石の孤独さを感じとり、そこに住む人間のかぎりないさびしさを感じとっている状態。

③ やがて完成するであろうストーンサークルで、風の音が交響し合って啓示される力が、どんなものか確信できず、今までの作業が徒労に終わるのではないかという不安におそわれた状態。

④ 惑星を回転させる力の存在は、やがて完成するであろうストーンサークルによって啓示されると思い、その予感に喜びを感じる一方で、切迫した緊張感にとらわれている状態。

⑤ 石柱に吹きつけるゆるい風の音に、無限の宇宙空間の中を回転し続ける地球とその回転を続けさせる見えない力を感じ、人間の存在の理由や意味も空虚であるという意識にとらわれている状態。

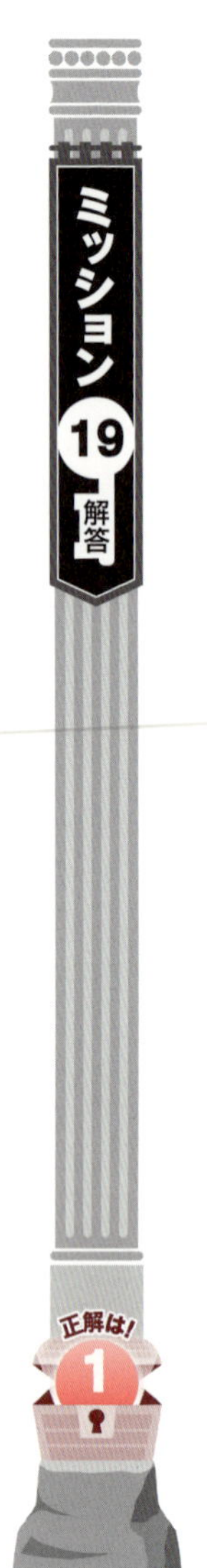

ズバリ法

「ズバリの要素」がまったくない……というわけではないんですが、かなり情報が少ないパターン。とりあえず、傍線部前後から「感情描写」をかき集めてみましょう。

ℓ4「**地球という巨大な岩石の孤独さ**が感じられる気がした。」

ℓ5「理由も目的も恐らくは意味もない回転。誰が回したのでもない回転。そんな回転を続けさせる**見えない力**。」

冷え冷えとした感覚が意識を浸す。

ℓ8「……**理由も意味もなくこの惑星を回転させるその力**の存在なのだろうか。」

「地球＝孤独！」そして「地球を回転させる、見えない力！」……おしまい。
それ以外の情報はすべてタンコブとして切りすてていきましょう！　では選択肢。

②③④を消去法で、①⑤を比較法で処理していきます。

消去法

~~②~~は「**そこに住む人間のかぎりないさびしさ**㊀」がタンコブで×！「孤独」なのは「地球」

であって、「人間」の感情なんて、ここではどうでもいいのです。

~~③~~は「**どんなものか確信できず**」「**今までの作業が徒労に終わるのではないかという不安⊖**」が、ともにタンコブで×。

~~④~~は「**その予感に喜び⊕を感じる**」がタンコブで×。

比較法

冷静に比べれば……⑤の長〜いタンコブが見えてきますね。

①「圧倒されている状態」Ⓝ

＝**「圧倒される」は、⊕でも⊖でも使える「ニュートラル」な語句！**

⑤「人間の存在の理由や意味も空虚であるという意識にとらわれている状態」

＝**「人間の存在理由も意味も空虚だよな」なんて余計なこと考えている？**

⬇結果的に、⑤もタンコブで×！　ちなみに「**圧倒されている**」は、13行目の「**切迫した気分**」とも対応していました。①の完勝！

文学的文章攻略のコツがつかめてきたかな？　いよいよ、ゴールは間近ですよ！

「新傾向」へのアップデート！

「新タイプの文章」への対策

共通テストでは、従来の【評論】【小説】に加え、**【実用文】【随筆（エッセイ）】【詩】【グラフ・表・図・写真】**など、「新タイプの文章」が出題される可能性があります。でも当面は、**【評論＋資料（実用文・グラフ・図など）】【小説＋資料（書評・エッセイ・生徒のノートなど）】**……という具合に、〝副教材〟として組みこまれる形が基本になるでしょう。いずれにせよ、【評論】【小説】の線引きをベースに対応していけば、そんなに心配する必要ありません！

【実用文】＝日常生活などで実際に用いられる文。文学作品でない文章。通知文・説明文・手紙文・新聞記事・契約書・取扱説明書など。

【随　筆】＝文学の一ジャンル。自由な形式で書かれ、見聞、経験、感想などを気の向くままに書き記した文章。エッセイ（書評も含む）。

【実用文】＝筆者が伝えたいこと　［大事そうなポイント］
【評　論】＝筆者が言いたいこと　［筆者の主張］
【随　筆】＝筆者が感じたこと　［筆者の考え・感想］
【小　説】＝人物が感じたこと　［登場人物の考え・感情描写］
【　詩　】＝詩人が感じたこと　［作者の感情的表現］

【グラフ・表・図・写真】は《読む必要ナシ！》。設問を解く段階で、確認しましょう。

【実用文】は、ただの「情報」です。【評論】のように「主張」を深く読解する必要などありません。あとで設問を解くとき探しやすいように、《この内容が、この辺に書いてあるぞ》と〝目印〟を付ける感覚でチェックしていけば十分です。

【随筆】は、「（主張がユル目の）評論」～「（本当に体験した）小説」という、中間的な位置づけの文章です。線引きもハイブリッドで《筆者の考えたこと・感想》に引けばOK。

【詩】は、《情報量の少ない小説》と考え、「感情的表現」だけ狙って線引きです。

「情報処理型問題」への対策

センター試験に比べ、共通テストでは「情報処理型問題」の割合が上昇しています。

《次の選択肢の内容は、本文のどこに書いてあるでしょうか？（探せ〜〜い）》

《本文全体の内容と合致するものを、次のうちから二つ選べ！（確認せ〜〜い）》

誰が解いても必ずそこそこ時間がかかっちゃう、ちょっと面倒くさい〝作業〟ですね。この場合は、「深い読解力」や「鋭い判断力」よりも、「**頑張って探しだす能力（要領のよさ&根気強さ）**」が求められているのです。したがって攻略のポイントは……

① 本文と選択肢の間を、最速で往復すること！（スピードを見せつけろ！）

② 探すときは、線引きした箇所を要チェック！（自分の線引きを信じろ！）

③ とにかく、最後まで労力を惜しまないこと！（正解への執着を見せろ！）

できるだけ速く、正確に、粘り強く！　要するに「とにかく頑張れ！」ということです（……これも「スゴ技」ってことでイイ?）。それでは、**ミッション⑳**で練習です。

ミッション20

次の文章を読んで、後の問いに答えよ。

制限時間 7分

【文章】

1 著作物は、多様な姿、形をしている。繰り返せば、テキストに限っても――そして保護期間について眼をつむれば――それは神話、叙事詩、叙情詩、法典、教典、小説、哲学書、歴史書、新聞記事、理工系論文に及ぶ。いっぽう、表1の定義に合致するものを上記の例示から拾うと、もっとも適合するものは叙情詩、逆に、定義になじみにくいものが理工系論文、あるいは新聞記事ということになる。理工系論文、新聞記事には、表1から排除される要素を多く含んでいる。（中略）

キーワード	排除されるもの
思想または感情	外界にあるもの（事実、法則など）
創作的	ありふれたもの
表現	発見、着想
文芸、学術、美術、音楽の範囲	実用のもの

表1 著作物の定義

2 表2は、具体的な著作物――テキスト――について、表1を再構成したものである。ここに見るように、叙情詩型のテキストの特徴は、「私」が「自分」の価値として「一回的」な対象を「主観的」に「表現」として示したものとなる。逆に、理工系論文の特徴は、「誰」かが「万人」の価値として「普遍的」な対象について「客観的」に「着想」や「論理」や「事実」を示すものとなる。（中略）

3 多くのテキスト――たとえば哲学書、未来予測シナリオ、歴史小説――は叙情詩と理工系論文とを両端とするスペクトル（注1）のうえにある。その著作物性については、そのスペクトル上の位置を参照すれば、およその見当はつけることができる。

	叙情詩型	理工系論文型
何が特色	表現	着想、論理、事実
誰が記述	私	誰でも
どんな記述法	主観的	客観的
どんな対象	一回的	普遍的
他テキストとの関係	なし（自立的）	累積的
誰の価値	自分	万人

表2　テキストの型

4　表2から、どんなテキストであっても、「表現」と「内容」とを二重にもっている、という理解を導くこともできる。それはフェ[注2]ルディナン・ド・ソシュールの言う「記号表現」と「記号内容」に相当する。叙情詩尺度は、つまり著作権法は、このうち前者に注目し、この表現のもつ価値の程度によって、その記号列が著作物であるのか否かを判断するものである。ここに見られる表現の抽出と内容の排除とを、法学の専門家は「表現／内容の二分法」と言う。

5　いま価値というあいまいな言葉を使ったが、およそ何であれ、「ありふれた表現」でなければ、つまり希少性があれば、それには価値が生じる。著作権法は、テキストの表現の希少性に注目し、それが際立っているものほど、そのテキストは濃い著作権をもつ、逆であれば薄い著作権をもつと判断するのである。この二分法は著作権訴訟においてよく言及される。争いの対象になった著作物の特性がより叙情詩型なのか、そうではなくてより理工系論文型なのか、この判断によって侵害のありなしを決めることになる。

6　著作物に対する操作には、著作権に関係するものと、そうでないものとがある。前者を著作権の「利用」と言う。そのなかには多様な手段が

利用目的＼著作物		固定型	散逸型	増殖型
そのまま		展示	上映、演奏	―――――
複製		フォトコピー	録音、録画	デジタル化
移転		譲渡、貸与	放送、送信、ファイル交換	
二次的利用	変形	翻訳、編曲、脚色、映画化、パロディ化 リバース・エンジニアリング（注３）		
	組込み	編集、データベース化		

表３　著作物の利用行為（例示）

あり、これをまとめると表3となる。「コピーライト」という言葉は、この操作をすべてコピーとみなすものである。その「コピー」は日常語より多義的である。

7　表３に示した以外の著作物に対する操作を著作物の「使用」と呼ぶ。この使用に対して著作権法ははたらかない。何が「利用」で何が「使用」か。その判断基準は明らかでない。

（名和小太郎『著作権２・０　ウェブ時代の文化発展をめざして』による）

（注）１　スペクトル――多様なものをある観点に基づいて規則的に配列したもの。

２　フェルディナン・ド・ソシュール――スイス生まれの言語学者（一八五七～一九一三）。

３　リバース・エンジニアリング――一般の製造手順とは逆に、完成品を分解・分析してその仕組み、構造、性能を調べ、新製品に取り入れる手法。

問1 **【文章】** における著作権に関する説明として最も適当なものを、次の①～⑤のうちから一つ選べ。

① 著作権に関わる著作物の操作の一つに「利用」があり、著作者の了解を得ることなく行うことができる。音楽の場合は、そのまま演奏すること、録音などの複製をすること、編曲することなどがそれにあたる。

② 著作権法がコントロールする著作物は、叙情詩モデルによって定義づけられるテキストである。したがって、叙情詩、教典、小説、歴史書などがこれにあたり、新聞記事や理工系論文は除外される。

③ 多くのテキストは叙情詩型と理工系論文型に分類することが可能である。この「二分法」の考えに立つことで、著作権訴訟においては、著作権の侵害の問題について明確な判断を下すことができている。

④ 著作権について考える際には、「著作物性」という考え方が必要である。なぜなら、遺伝子のＤＮＡ配列のように表現の希少性が低いものも著作権法によって保護できるからである。

⑤ 著作物にあたるどのようなテキストも、「表現」と「内容」を二重にもつ。著作権法は、内容を排除して表現を抽出し、その表現がもつ価値の程度によって著作物にあたるかどうかを判断している。

問2 傍線部「表2は、具体的な著作物――テキスト――について、表1を再構成したものである。」とあるが、その説明として最も適当なものを、次の①～⑤のうちから一つ選べ。

難易度 ★★☆☆☆

① 「キーワード」と「排除されるもの」とを対比的にまとめて整理する**表1**に対し、**表2**では、「テキストの型」の観点から**表1**の「排除されるもの」の定義をより明確にしている。

② 「キーワード」と「排除されるもの」の二つの特性を含むものを著作物とする**表1**に対し、**表2**では、叙情詩型と理工系論文型とを対極とするテキストの特性によって著作物性を定義している。

③ 「キーワード」や「排除されるもの」の観点で著作物の多様な類型を網羅する**表1**に対し、**表2**では、著作物となる「テキストの型」の詳細を整理して説明をしている。

④ 叙情詩モデルの特徴と著作物から排除されるものとを整理している**表1**に対し、**表2**では、叙情詩型と理工系論文型の特性の違いを比べながら、著作物性の濃淡を説明している。

⑤ 「排除されるもの」を示して著作物の範囲を定義づける**表1**に対し、**表2**では、叙情詩型と理工系論文型との類似性を明らかにして、著作物と定義されるものの特質を示している。

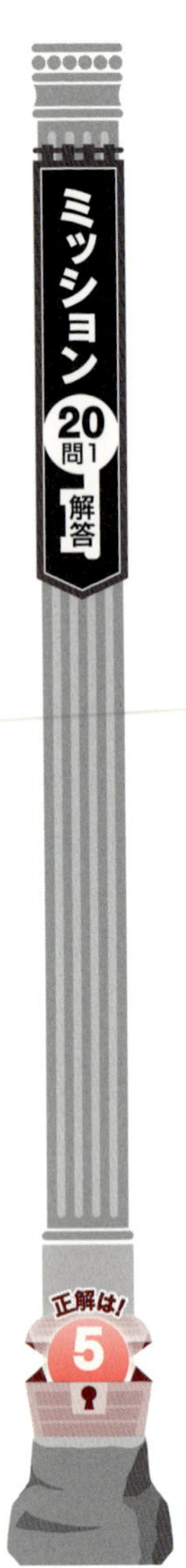

問1は傍線部がないので、選択肢の気になる箇所を、本文で確かめる手順となります。

①は、「**利用**」＝「**著作者の了解を得ることなく行うことができる**」が、断定っぽい！

↓6～7段落に、「**『使用』に対して著作権法ははたらかない**」とあるので×。

②は、「**新聞記事や理工系論文は除外される**」が、やはり断定っぽくて怪しい！

↓1段落後半で、理工学系論文と新聞記事は「（著作物の）定義に**なじみにくい**」「排除される要素を**多く含んでいる**」とあります。あくまでも「程度」の問題ですから×。

③は、「**多くのテキストは……分類することが可能である**」が、また断定っぽい！

↓3段落に、「（多くのテキストは）**叙情詩と理工系論文とを両端とするスペクトルのうえにある**」とあります。はっきり「白／黒」と分類できるものではないので×。

④は、「**表現の希少性が低いものも著作権法によって保護できる**」が、なんか怪しい。

↓5段落に、「（**希少性が**）**際立っているものほど、そのテキストは濃い著作権をもつ**」とあります。つまり、希少性の低いものは保護する必要性が薄いということで×。

⑤の、「（**著作権法は**）**表現がもつ価値の程度によって……判断している**」という内容を確認。

↓4段落に、ほとんど同じ内容が書かれているので、**これが正解◎！**

正解は！
4

設問解析

表1を再構成したものが**表2**ですから、両者は基本的には同内容です。また**表1**に比べて、**表2**は具体的な著作物（テキスト）について詳しく触れているようです。

［**表1**　著作物の定義］
（著作物となる）**キーワード**⊕
（著作物から）**排除されるもの**⊖

［**表2**　テキストの型］
叙情詩型（著作物の代表的テキスト）⊕
理工系論文型（排除される代表的テキスト）⊖

消去法

①は、**表2**が「**表1の『排除されるもの』の定義をより明確にしている**」という説明が×。
②は、**表1**が「**『キーワード』……二つの特性を含むものを著作物とする**」という説明が×。
③は、**表1**が「**著作物の多様な類型を網羅する**」という説明が、断定で×。
④は、**表1**が「**叙情詩モデルと排除されるものとを整理**」、**表2**が「**叙情詩型と理工系論文型の特性の違い……著作物性の濃淡を説明**」ということで、完璧な説明◎。
⑤は、**表2**が「**叙情詩型と……類似性を明らかにして**」いる、という説明が×。

「複数テキスト問題」への対策

【A・原発は推進派？／B・廃止派？】【A・安楽死に賛成？／B・反対？】【A・同性婚はアリ？／B・ナシ？】【A・ほしい道具は、アンキパン？／B・ほんやくコンニャク？】

対立する「**複数テキスト**（**A**／**B**）」を提示し、**《あなたはどちらに賛成ですか？　その理由とともに、八〇〇字以内で論じなさい》**というパターンは「小論文」の定番の一つで、受験生の理解力・思考力・知識力・判断力・発想力などを試す、有意義な課題です。

でも正解が一つしかない「マーク式」で「**複数テキスト**（**A**／**B**）」を使うとなると……**《A・Bの相違点**（**共通点**）**はどこか？》**、あるいは《（**Aを踏まえて**）**Bはどういうことか？**》といった設問に落ちつくはずです。ということで、攻略のポイントは……

設問内容を正しく理解して、その指示にきちんと従うこと！

「複数テキスト問題」で求められる能力は、《設問》への「理解力」と「対応力」です。冷静に頭を切りかえ、ここでは「**何を問われているのか？**」「**何を探すのか？**」……**きちんと〝情報処理〟**すれば、設問自体は大したことありません。

ミッション 21

次の文章は、加能作次郎『羽織と時計』の「あらすじ」である。これを読んで、後の問いに答えよ。

制限時間 6分

【文章（あらすじ）】

「私」と同じ出版社で働くW君は、妻子と従妹（いとこ）と暮らしていたが生活は苦しかった。そのW君が病で休職している期間、「私」は何度か彼を訪れ、同僚から集めた見舞金を届けた。

病が癒えて仕事に復帰したW君は、世話になったお礼として、「私」に羽二重の紋付羽織を贈ってくれた。それは、貧乏な「私」が持っているのを妻が不思議がるほどの、「私」には分不相応な高級品であった。翌年W君は、転職する「私」のために同僚からお金を募り、送別品として懐中時計を買ってくれた。後日、社内にはこの寄贈を不平に思い、W君を非難する者がいたと聞き、不快を覚え、彼を気の毒に思った。

羽織と時計――。「私」の持ち物の中で最も高価な二つが、ともにW君からの贈り物であった。「私」は感謝の念とともに、何だかやましいような、気恥しいような、重苦しい感情を抱くこととなった。

その後、W君は体調を崩して会社を辞め、小さなパン菓子屋を始めたとの噂（うわさ）を聞くが、「私」は一度もW君に会いに行かなかった。今思えば、羽織と時計の恩恵的債務が、足を遠のかせる大きな原因に感じられた。しかも不思議なことに、「私」はW君よりも、不義理を責めるであろう、細君の眼（め）を恐れた。

三年四年が過ぎたある日、妻子を連れてW君のパン屋を通りがかり、店の中の様子をそれとなく見たが、出てきた人は細君でも従妹でもなく、全く見知らぬ下女のような女だった。

問　次に示す【**資料**】は、この文章（加能作次郎「羽織と時計」）が発表された当時、新聞紙上に掲載された批評（評者は宮島新三郎、原文の仮名遣いを改めてある）の一部である。これを踏まえた上で、後の（i）の問いに答えよ。

【資料】

今までの氏は生活の種々相を様々な方面から多角的に描破（注1）して、其処から或るものを浮き上らせようとした点があったし、又そうすることに依って作品の効果を強大にするという長所を示していたように思う。見た儘、有りの儘を刻明に描写する――其処に氏の有する大きな強味がある。（注2）由来氏はライフの一点だけを覘って作をするというような所謂『小話』作家の面影は有っていなかった。

それが『羽織と時計』になると、作者が本当の泣き笑いの悲痛な人生を描こうとしたものか、それとも単に羽織と時計に伴う思い出を中心にして、ある一つの興味ある覘いを、否一つのおちを物語ってでもやろうとしたのか分らない程謂う所の小話臭味の多過ぎた嫌いがある。若し此作品から小話臭味を取去ったら、即ち羽織と時計とに作者が関心し過ぎなかったら、そして飽くまでも『私』の見たW君の生活、W君の病気、それに伴う陰鬱（注3）な、悲惨な境遇を如実に描いたなら、一層感銘の深い作品になったろうと思われる。羽織と時計とに執し過ぎたことは、この作品をユーモラスなものにする助けとはなったが、作品の効果を増す力にはなって居ない。私は寧ろ忠実なる生活の再現者としての加能氏に多くの尊敬を払っている。

（宮島新三郎「師走文壇の一瞥」（『時事新報』一九一八年一二月七日）による）

（注）1　描破——あまさず描きつくすこと。
2　由来——元来、もともと。
3　執し過ぎた——「執着し過ぎた」という意味。

（ⅰ）【資料】の二重傍線部に「羽織と時計とに執し過ぎたことは、この作品をユーモラスなものにする助けとはなったが、作品の効果を増す力にはなって居ない。」とあるが、それはどのようなことか。評者の意見の説明として最も適当なものを、次の①～④のうちから一つ選べ。　難易度★★★☆☆

① 多くの挿話からW君の姿を浮かび上がらせようとして、W君の描き方に予期せぬぶれが生じている。
② 実際の出来事を忠実に再現しようと意識しすぎた結果、W君の悲痛な思いに寄り添えていない。
③ 強い印象を残した思い出の品への愛着が強かったために、W君の一面だけを取り上げ美化している。
④ 挿話の巧みなまとまりにこだわったため、W君の生活や境遇の描き方が断片的なものになっている。

設問解析

【文章（小説）】と【資料（批評文）】、二つのテキストを関連させた設問。紙面の都合上、【文章】は「あらすじ」として再編しましたが（悪しからず）……、でもこれ、【資料】をしっかり読めば、【資料】だけで解けちゃう問題でした。

「羽織と時計とに執し過ぎたこと」＝

この作品をユーモラスなものにする助けとはなったが、＝⊕（じつは皮肉）

作品の効果を増す力にはなって居ない。＝⊖（言いたいことは、こっち！）

【資料】の筆者（宮島氏）は、『羽織と時計』という作品を、「羽織と時計」というモノにこだわりすぎている、と批判しています。さらに、その根拠を【資料】から探します。

ズバリ法

［**今までの加能氏の作品**］⊕

生活の種々相を様々な方面から多角的に描破して、そこからあるもの（泣き笑いの悲痛な人生など）を浮き上らせようとしていた。

［『羽織と時計』の場合］㈠

「羽織と時計」に関心し過ぎたため、小話臭味の多過ぎた嫌いがある。

➡『私』の見たW君の生活・病気・陰鬱で悲惨な境遇を如実に描いたら、一層感銘の深い作品になったろうと思われる。

消去法

①は、いきなり「**多くの挿話から**」で×。「羽織と時計」の二つに執着しているのです。

②は、「**実際の出来事を忠実に再現しよう**」が×。これは、今までの加能氏の作品ですね。

③は、「**W君の一面だけを取り上げ美化している**」がタンコブで×。

④は、「**挿話の巧みなまとまり**（＝羽織と時計）**にこだわったため、**……**描き方が断片的な**（＝まとまりのない）**ものになっている**」ということで、**これが正解◎**。

センター試験と比べて、共通テストでは「**情報処理能力**」を重視していることがはっきりわかります。これは、大学や社会に出てからも必要な能力として、習得が奨励されています。

「**自分は、**（**素早く・正確に・粘り強く**）**『仕事』ができる人間ですよ！**」ってことを、解答を通してアピールしていきましょう！

「フル装備」で無双モードへ！

《最終問題》「(評論)本文全体の構成」への対策

まずは、皆が苦手な《**最終問題**》の攻略から。第1問・第2問とも、最終問題では「**本文全体の論旨・構成・表現の特徴**」などが問われます。とくに共通テストでは「批評」「生徒のノート」等、複数テキストが持ちこまれ、バリエーションは無限に広がっています。なかでも受験生が嫌がる第1位、「**本文全体の構成**」に関する問題の対策から！

①「第一段落」と「最終段落」の線引きをチェック！

本文全体を見なくても、**最初と最後の情報**（**特徴**）だけで、選択肢はかなり絞れます。

②「消去法」で二つに削って「比較法」に持ちこもう！

ズバリ一発で決めようとせず、**消去法で粘って二択に絞り、比較法でトドメを刺そう。**

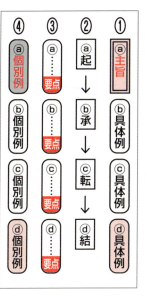

《ケース・スタディ①》

問　この文章の全体構成のとらえ方として最も適当なものを、次の①〜④のうちから一つ選べ。

① この文章は、最初の部分が**全体の主旨**を表し、残りの三つの部分がそれぞれに関する**具体的な話題**による説明という構成になっている。

② この文章は、四つの部分が順に**起承転結**という関係で結び付き、結論となる内容が最後の部分で示されるという構成になっている。

③ この文章は、それぞれの部分の最後に、その部分の要点が示されていて、全体としてはそれらが**並立する**という構成になっている。

④ この文章は、人間と文化に関する一般的な命題を、四つの部分の**それぞれ異なる個別例**によって論証するという構成になっている。

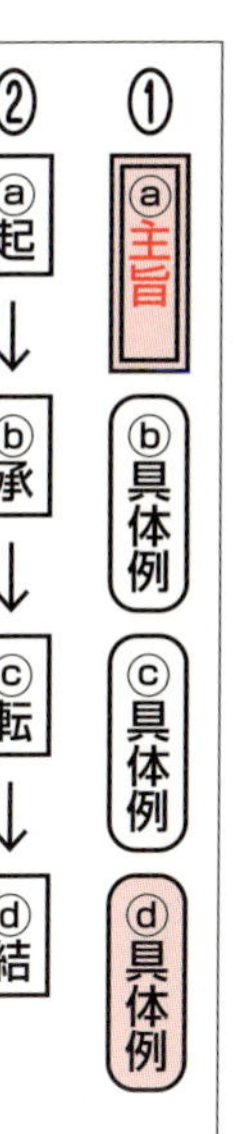
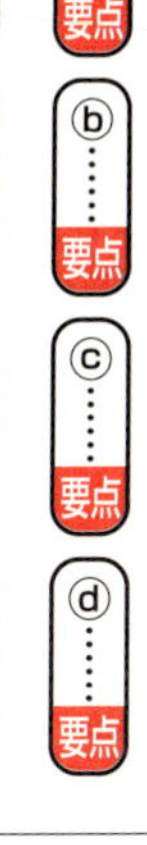

実際の問題では、最終段落（ⓓブロック）は確実に「具体例（個別例）」でしたから、②③を消去。改めてⓐブロックを吟味すると、個別例ではなく「全体の主旨」が相応（ふさわ）しいということがわかり、①が正解となりました。

《最終問題》「（小説）表現の特徴」への対策

センター小説ではお馴染(なじ)みの、**「この文章における表現の特徴についての説明として適当なもの（or 適当でないもの）を二つ選べ」**という問題です。共通テストでもまた復活してくる可能性は十分ありますので、ここでしっかり対策を立てておきましょう。

① この小説ならではの特徴を思いかえそう！

他の小説と比べ、**この小説で特に気になったポイントはないか**、冷静に思いかえしましょう。例えば「会話文が少ない」「回想シーンを二重に差しこんでいる」「方言が多く使われている」などなど。

② 選択肢と本文の間を、素早く往復せよ！

これぞ、元祖「**情報処理型問題**」。選択肢の「怪しい箇所」に△を付け、本文に戻ってその該当箇所を必死で探す。**情報を処理する速さと粘り強さが勝負を分ける**のです。

《ケース・スタディ②》

「時間経過」が問われるパターン

出来事が時系列で並んでいるのか、シャッフルされているのかに注目。

①（×）本文では、県大会の前日までのできごとが×克久の経験した順序で叙述されており、このことによって登場人物の心情の変化が理解しやすくなっている。

⬇**この小説では、現在の場面と回想シーンが、複雑に構成されていました。**

② この文章は、雨のなか庭にたたずんでいる時点から引越しの日を振り返り、さらに父の過去や引越しの手続きがあったことを振り返るように、◎時間を重層化させた構成になっている。

⬇**その通り。「現在→過去→さらに回想……」といった、重層的な構造になっていました。**

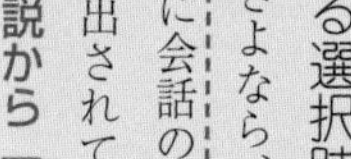

「小手先の工夫」が問われるパターン

表現上のセコ～い工夫を褒める選択肢は、×の確率が高い。（逆に作者に失礼だから。）

③（×）「おばちゃん、おばあちゃん、さよなら、と言って帰っていく」「触ってごらん、と言われるままに」などでは、かぎ括弧を用いずに会話の内容が示されることによって、×現実感が生み出され、会話を発する人物が生き生きと描き出されている。

⬇**それがいいなら、日本中の小説から「かぎ括弧」を全部消すことになるぞ？**

④「わざと大きな音をたてて降りてくる」「隣の畳の間に置いてあるテレビを見たりする」のように、回想の形で語られる中に現在形の表現が挿入されることによって×臨場感が強められ、登場人物の心理状態と行動との結びつきが明示されている。

➡それがいいなら、日本中の小説の回想シーンを全部「現在形」にすることになるぞ？

「知識力」が問われるパターン

「表現技法」や「重要単語」などの知識力が、正解のポイントとなることが多い。

⑤「×自然が反対を比較する」「×会話を僕の手から奪った」「自然から使われる自分」などの表現から擬人法を用いることで「僕」が抽象的なものごとを×わかりやすく説明しようとしていることがわかる。

➡「自然が反対を比較する」は無生物主語です。また「会話を僕の手から奪った」の主語は人間なので、擬人法ではありません。そして、擬人法によって「わかりやすく」はなりません。

⑥「**凝結**した形にならない**嫉妬**」「**存在**の**権利**を失った**嫉妬心**」などのように◎漢語や◎概念的な言葉で表現することによって、「僕」が◎自分の心情を対象化し分析的にとらえようとしていることがわかる。

➡「漢語」は、中国由来の音読みの熟語。また「概念的な言葉」は、物事を概括的・抽象的に捉える言葉。「凝結」「嫉妬」などは両方の条件を満たしているので、これは正解。

⑦「闇を縦に切り開いたその光の中に、猫だけがいつまでも坐っていた」という描写は、お治婆さんの狭くなった視野を×抽象的に示すとともに、×荘厳でありながら耽美的な雰囲気を生じさせている。

➡「猫だけが……坐っていた」ですから、具体的です。また「荘厳（＝重々しく厳かなこと）」「耽美的（＝美を最も価値のあるものとする態度）」がともに×。だって「猫」だもの。

「判断力」が問われるパターン

最後は、常識的な判断力で処理していくパターン。

⑧「早くお乗りなせえませ」など土地の言葉を取り入れたり、×漁師町、城址公園など特定の場所を登場させたりすることで、×実在する具体的な地域や風土に根ざした情趣が醸し出されている。

➡「漁師町」「城址公園」は固有名詞ではありません。全国各地に点在しています。

⑨「母親の死後、父親は碌に病院通いも勤めを休むこともできなくなっている」では、×幼いチサの目を通して体力的にも×経済的にも苦しい立場に追い込まれた父親の現状が切実に語られている。

➡幼い子供の目線にしては重すぎます。また、勤めているのだから「経済的……」は根拠ナシ。

⑩「真摯であって不真面目」といった矛盾する言い回しや、「理解よりも無理解を」といった対立する語が用いられることで、×感情が両極端に揺れ動きがちな裕生の内面が生き生きと描写されている。

➡「今日は真摯、明日は不真面目」と両極端に揺れるのではなく、二つが同時にバランスを保っているのでしょう。また後者は要するに……「無理解」ってことですよね。

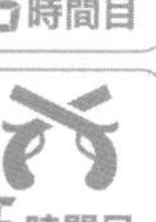

「適当でないもの」は、△を使って次々と処理！

《適当でないものを選べ》の場合、選択肢は「◎◎◎×◎」になります。どうせほとんど「◎」なのだから、一つひとつを丁寧に吟味するのは時間のムダ。**微妙な箇所にはとりあえず△を付けて、どんどん先の選択肢に進んでいく**のが、「適当でないもの」を最速で見つけるコツです。

問 宮下先生のお母さんの特徴として、**適当でないもの**を一つ選べ。

① お母さんは、歌が上手だ。**（まあ、下手ではないかな……△）**

② お母さんは、運動が得意だ。**（学生時代、陸上部だったとか聞いたような……△）**

③ お母さんは、料理が上手だ。**（ん〜〜、カレーと肉じゃがは美味しいけど……△）**

④ お母さんは、オランウータンだ。**（だだだ誰に言うとんねん！ 完全に×じゃ！）**

⑤ お母さんは、右利きだ。**（もうどっちでもええわ。どうせ◎でしょ？）**

どうせ後で「**ものすご〜い×**」が来ますから、立ち止まらず、どんどん前へ進め！

《速度UP》「3段メソッド」を最速モードへ

さあ、ここまでのおさらいを兼ね、「3段メソッド」をブラッシュアップしていきますよ！

「③**比較法**」は、消去法の段階でしっかり――や○、そして**《微妙な箇所に△》**を付けているからこそ、効率的に運用できるのです。「②**消去法**」は、**《ズバリの要素》**という〝正解の基準〟があるからこそ、手早く進められるのです。「①**ズバリ法**」は、設問解析の段階で**《何を探すのか？》**をしっかり把握できているからこそ、最速で機能するのです。

つまり、最初の「設問解析」での集中が、「3段メソッド」全体を加速させるのです！

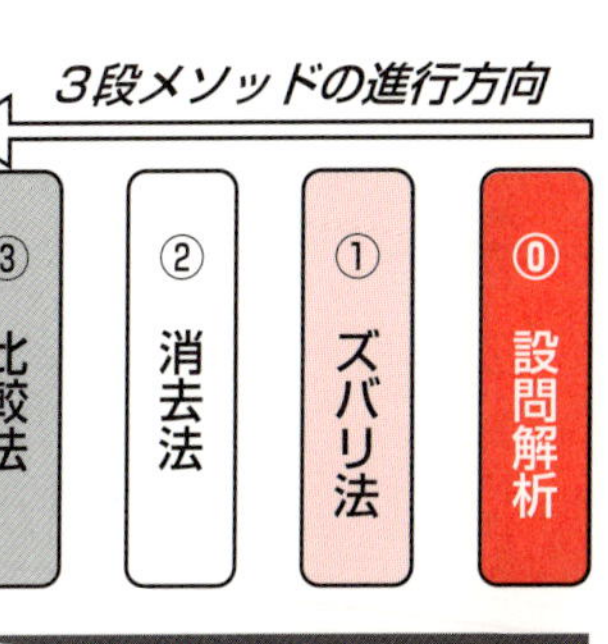

⓪「ハイパー設問解析」で電光石火！

①「ズバリの要素」はコンパクトに！

②「消去法」の基本はタンコブ狩り！

③△を使って「比較法」を楽しもう！

⓪「ハイパー設問解析」で電光石火！

「3段メソッド」の下準備である「設問解析」を、**速攻の武器として積極的に活用**していきます。設問文をしっかり読み、ここでは「何を問われているのか？」「何を探すのか？」そして究極、**「どんな答えになりそうか？」**……**設問だけで「答え」まで見ぬいてしまおう**という、この貪欲なアプローチを、**【ハイパー設問解析】**と名付けます。この技術を極めれば、一問1分以内の解答も夢ではありません！

①「ズバリの要素」はコンパクトに！

「ズバリの要素」は、**単語レベルで小さく押さえる**のが、速度アップの秘訣(ひけつ)です。

・「内容」として把握する ⬇ 選択肢も**「内容」を確認**しなければならない。
・「要素」として押さえる ⬇ 選択肢を**「要素」のアリ・ナシ**で処理できる。

もちろん、本文の「内容」理解は読解の基本です。でも、設問を解くときは、あえて「要素（単語）」としてコンパクトに押さえた方が、選択肢に対してブレにくく、圧倒的に速いです。「ナシ・ナシ・ナシ・アリ・ナシ」。強気で処理していきましょう。

②「消去法」の基本はタンコブ狩り！

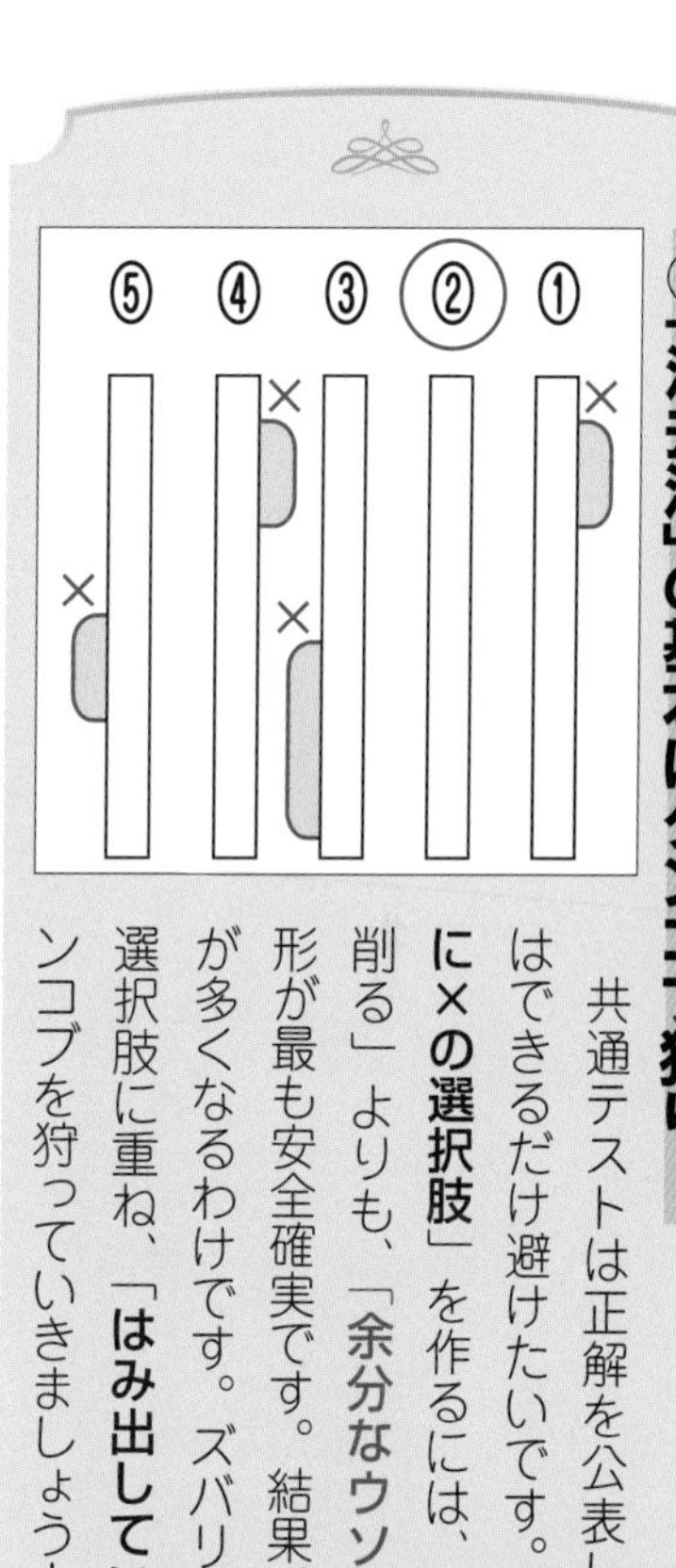

共通テストは正解を公表しますから、「微妙な選択肢」はできるだけ避けたいです。「**受験生が迷うけれど、確実に×の選択肢**」を作るには、「一部を言いかえる」「一部を削る」よりも、「**余分なウソ**（＝タンコブ）**を付けたす**」形が最も安全確実です。結果、共通テストは「タンコブ型」が多くなるわけです。ズバリの要素という〝ものさし〟を選択肢に重ね、「**はみ出していたら×！**」という感覚でタンコブを狩っていきましょう！

③△を使って「比較法」を楽しもう！

「比較法」に苦手意識を持っていたら、9割の壁は絶対に越えられません！　何度も何度も練習して、とにかく、その絶大な効果と楽しさを実感してほしいです。使い方に自信が持てれば、**「消去法」の段階から積極的に△を使えるようになるでしょう**。「フフフ、最後は比較法でトドメを刺してやるから、首を洗って待ってな！」……この境地にまで到達すれば、無双モードです！

ミッション22
次の文章を読んで、後の問いに答えよ。

いまわたしの眼（め）の前にあるのは、Palm Pilotと呼ばれるPDA（Personal Digital Assistant＝個人用情報管理ツール）に付属している、電子的入力装置である。機械の本体はいわば電子化された手帳であり、この細い棒が、手帳についている小さな鉛筆といった格好である。この棒の先端を、入力エリアの上で動かすと、機械は運動による電界の変化を読み取って、それを文字や数字として解釈し、内部に取り込むのである。紙に書くことはできないけれど、機械の内部に直接「書く」ことができるのだ。

「書く」――それにしてもこの言い方は正しいのだろうか？　たしかに、情報操作は一般に「読み書き」の比喩によって語られる。だが、データをハードディスクに「書き込む」という場合、それが比喩であることは明白である。「書く」といっても実際には、電磁気的な動作が行なわれているだけだからだ。だが一見本物のペンと同じように扱われるこの装置の場合はどうか？　わたしは「書いて」いるのだろうか？　それともこの場合も、「書く」とは比喩にすぎず、実は風変わりな方法で機械を操作しているだけなのだろうか？　そもそも「書く」とは、どういう行為なのだろうか？

このペン状の入力装置は「スタイラス（stylus）」と呼ばれている。それは鉛筆やペンで書くという、長い間われわれが慣れ親しんできた動作を、コンピュータの入力方式としてうまく利用したものである。もちろんどんな筆跡でも読み取ってくれるわけではなく、今の段階では、機械に読み取り可能な決まった書き方を、人間の方で習得しなければならない。

このように言うと、なんだ、やっぱりデジタルは不便だ、手書きのほうがよっぽどいい、と思う人がいるかもしれない。けれども、書くことをめぐるデジタル／アナログのそうした違いとは表面的なものである。そもそも紙にペンで書くという行為を習得するためにも、人間は新たな道具の性質にみずからの身体を順応させなければならなかったはずである。一方、電子的な読み取りの効率は機械の能力の問題であり、そうしたツールが持ち主の筆跡まで学習するようになれば、イライラせずに入力できるようになるだろう。

（吉岡洋「スタイルと情報」による）

問 傍線部「『書く』――それにしてもこの言い方は正しいのだろうか」とあるが、ここで筆者はなぜ「書く」という言い方に疑問を感じているのか。その説明として最も適当なものを、次の①～⑤のうちから一つ選べ。

難易度 ★★★☆☆

① 機械ではどのような筆跡でも読み取れるわけではなく、決まった書き方が要求されるものだから。
② 「書く」という言い方は、ハードディスクに「書き込む」という言い方と同様の明らかな比喩であるから。
③ スタイラスはペンのように扱うのに、電子的な情報を機械の内部に記録しているものであるから。
④ スタイラスは外見も使用法もペンに似ているが、インクの出ないプラスティックの棒にすぎないから。
⑤ スタイラスはペンに似た筆記用具であるが、文字記号の読み取りを機械の能力にゆだねているから。

設問解析

それでは、先ほど紹介した**【ハイパー設問解析】**を、実践していきます。

この問題では「**何を問われているのか？**」「**何を探すのか？**」、最終的に「**どんな答えになりそうか？**」……さあ、**設問文だけで「答え」を決めてやりましょう**！

「（スタイラスを使って）書く」――それにしてもこの言い方は正しいのだろうか

⬇ここで筆者は**なぜ「書く」という言い方に疑問を感じているのか。**

⬅**【設問解析！（どんな答えになりそうか？）】**

（スタイラスの場合）「書く」といっても、普通の「書く」じゃないから！

⬅**【ハイパー！（もっと詳しく説明すると？）】**

（スタイラスの場合）「動き」は「書く」だけど、PCに入力しているだけだから！

なんと、設問文だけで、正解の③「スタイラスは**ペンのように扱うのに**、電子的な情報を**機械の内部に記録しているものであるから**」にたどり着けました！　これぞハイパー効果！

消去法

①の、機械が要求する「決まった書き方（デジタル）」と「手書き（アナログ）」の違いは「**表面的なもの**」であり、筆者が疑問に思うポイントではないので×。

②ですが、「ハードディスクに『書き込む』という言い方」は「**明らかな比喩**（たんなるたとえ）」であり、「スタイラスで『書く』こと」とは次元が違うので×。

⑤は「**筆記用具**」が×。「電子的入力装置」ですからね。もし筆記用具だったら、「書く」という言い方で問題ないわけです。「読み取り」も、「書く」とは方向性が逆です。

比較法

③ペンのように扱うのに……機械の内部に記録しているものであるから。
＝**動作（書く）に注目している！**

④外見も使用法もペンに似ているが……プラスティックの棒にすぎないから。
＝**物体（ペン）に注目している！**

「書く」という言い方に疑問を感じた理由ですから、③が正解でした。「⓪設問解析➡①ズバリ法➡②消去法➡③比較法」、完璧に運用すると、気持ちいいでしょ？

《裏技？》「正解フラグ」を見ぬく《神業？》

《1》「ズバリひねり」理論

出題者は受験生を悩ませるため、正解の選択肢を本文とは違う表現に加工してきます（「本文＝**雨が降っている**」→「選択肢＝**天候がぐずついている**」……とかね！）。

「**ズバリの要素と同じ内容だけど、あえて表現をひねって、頑張って作った選択肢**」＝「**ズバリひねり**」**を見つけたら、正解フラグ**（**目印の旗**）**です！** 逆に、コピペしたような「本文ソックリの選択肢」は、どうせエ、サ、。不正解フラグと捉えましょう。

問 筆者は「映画」が「時間に依存している」ことでどのような結果が生じたと考えているか。

［**本文**］……わずか二時間たらずのあいだに**人間の一生**を描くことができた理由であり、神による**天地創造の神話**から**一億光年の彼方**（かなた）の宇宙の物語まで映画は語りえたのである。

①（×）映画は、△**人間の一生をわずか二時間たらずで映し出すこと**を可能にしたが、……

②（◎）映画は、限られた時間のなかで◎**壮大な時空間**を描き出すようなことを可能にしたが、……

①は本文とソックリですが、三つの例の一つしか触れていないので限定で×。②の「壮大な時空間」は、三つの例（**長い時間・遠い時間・遠い空間**）をひとことにまとめた見事な表現です。「ズバリひねり」炸裂（さくれつ）！

《2》「つるん」理論

「消去法」の基本はタンコブ狩り。これを裏返すと、正解の選択肢には「タンコブ」らしき出っ張りがなくて……なんとなく、全体的に**「つるん」としているのです！**（笑）

問　波線部「『中身』？」の表現効果を説明するものとして最も適当なものを一つ選べ。

①　議論を中断し……、**新たな仮説を立てよう**としていることを読者に気づかせる効果。

②　**これまでの論を修正する**契機を与えて、新たに論を展開……読者に気づかせる効果。

③　**行き詰った議論を打開する**ために話題を転換して、新たな局面に読者を誘導する効果。

④　あえて疑問を装うことで……、**さらに内容を深める新たな展開に読者を誘導する**効果。

まず④の「あえて疑問を装う」は、傍線部の「中身？」と対応しているからセーフ◎。

さて、①②③の赤字部分に比べて、④の内容って普通じゃないですか？（「評論」って普通、そういうものです。）つまり、**長いわりにたいした情報はありません**。このように、気になる突っかかり（タンコブ）もなく「つるんつるんつるん」と読めちゃう選択肢は……正解率フラグ！　つるん理論。……伝わるかなあ？（汗）

Ex UP 磨いてきた「武器(アイテム)」と「技術(メソッド)」を信じ、最強の敵に挑め

ついに、約束の10時間に到達いたしました。

おめでとうございま～すと言いたいところですが、まだちょっと早い。「線引きアイテム」「3段メソッド」「攻略パターン」が、実戦でちゃんと使えるレベルにまで定着できているか？ **共通テストで本当に「9割」とれるレベルにまで達しているのか？**

それでは、ただいまより、**《最終確認テスト》**を実施いたします！

最後の試練として用意したのは、「センター小説／01追試（改）」です。なんと二十年以上前の、しかも小説。でもこれがセンター史上〝最高級〟の選択肢問題だと私は考えています。**設問数は4問。制限時間は13分。** ここまでに学んで磨いてきた「武器(アイテム)」と「技術(メソッド)」を総動員し、ラスボスの完全討伐を目指してください。それでは用意……「はじめ！」

ミッション23

次の文章を読んで、後の問に答えよ。

制限時間 13分

私どもがまだ幼かった頃、つまり五十年ほど前は、大きくなったら何になりたい、と訊(き)くと、運転手、と答える子が多かった。私もそう答えた覚えがある。それが現今の子が、宇宙人やロボットに関心を抱くのに似ているのかもしれない。

電車も汽車もそのずっと以前から走っていたのだけれど、そんなことは私どもとは関係がない。幼い頃に、身のまわりのものや世の中のことどもを、ひとつひとつ認識していく。その道中で、どうにも子供の日常感覚では手に余るようなものがあり、その代表が電車の類(たぐい)だったと思う。あの鋼鉄の物体が線路の上を驀進(ばくしん)するというのが、馴染(なじ)めないし、逆に吸い寄せられることにもなる。運転手、という返答をきいて大人は笑ったが、これは大人の手前、(ア)<u>邪気を殺して</u>健全に答えたにすぎないので、私どもの頭には大人の在り方として、まっ先に運転手という形が出てくるが、自分が運転手になれるとは思わない。それどころか、彼等が、それこそ宇宙人のように遠く冷たい生き物に見えた。(私のその頃のイメージでは、運転手というものは、太い縁の眼鏡をかけ、小鼻の脇に筋がきざまれ、こころもち歯の出た石炭殻のような表情をしていた)

自動車やバスは、数がすくなかったせいもあるけれど、なんだか柔らかくスィートで、動いているのが諒解(りょうかい)できる。飛行機はまだ日常的なものではなかった。一度、隣家にかこまれた庭から見える小さな青空の中に飛行船が現われて、肝をつぶしたことがあったが、それも一度きりだ。

電車の類に、私どもがうまく対応できなかったのは、その個体の暴力性ということのほかに、電車たちの世界全体が持っているデジタルな仕組みのようなものをなんとなく感じていたのでもあろう。ひとつひとつはただ意味なく狂奔しているように見えるけれど、誰がなんでそんなことをするのか知らないが、どこかで牛耳っているものがあって、それで全体が一糸乱れず狂奔している、というのがすっと喉をとおりにくい。

私、ばかりでなく、私どもは、その牛耳り、牛耳られているものを、小さな掌の中に摑みとろうとして、電車ごっこ、なる遊びに夢中になるのである。これはつまり、あの世界の箱庭で、狂おしい響きや邪魔物を踏み潰していくような険悪なものは欠け落ちている。しかし全体の仕組みのメカニックな質量は、想像力でいくらでもふくらませることができる。

生家の部屋の中で、畳のヘリの黒いところを線路に見立てて、私も夢中になってやった。デパートで売っている電気仕掛けの玩具には興味が起きなかった。何故といって、それらは個体でしかなかったから。[A]私の電車は、積木の木片であり、絵葉書の類だった。たくさんの電車を、できるだけ複雑な構成で走らせなければならない。私はまもなく、運転手どころか、どこかで全体を牛耳っている怪物になりすますことができた。その遊びは幼児期を脱しても卒業できない。そのかわり複雑さが増す。時刻表のとおり目覚まし時計をおいて、全体が寸分たがわず動かなければならない。線路は次第に拡張されて、三つぐらいの部屋にまたがっている。やりはじめたら最後、途中でやめる余裕はない。そうして、煩雑な構成が定まってしまうと、牛耳っている気分よりも、煩雑さを実行せねばならぬ命題の虜となってしまって、面白いどころか、退屈で、小忙しくて、いたずらに疲労に包まれる。さながら私自身がその世界に沈んで牛耳られているようになった。[B]実際は、牛耳り、牛耳られる、というふうになって、この遊びが完成したのでもあろうけれど、それ以外にもうひとつ、中毒、という症状が残る。中学生になってもやめられない。六つ年下の弟にその病気が移った。弟は、電車の音を「まァあ――」というふうに表現した。ごおッ、とか、ガタンゴトン、とか、そういう常套句の折衷ではなく、「まァあ、まァ、まァあ」という。そういう表現をする男を他に知らない。けれども全体の響きに混じってたしかにそういう旋律が含まれているようでもあり、電車の音に対する彼の自信がうかがえた。そうして、朝から晩までそんなことをやっていると父親が、実に苦々しげに眼を寄越していた。

けれども、電車ごっこの類をしていないのは、この家では母親だけのはずだった。父親は電車ごっこという形にはならなかったが、私どもと同じく朝から晩まで、トランプを切り並べかえしているのだった。

「御飯ですよ、お父さん」

「ああ――」

「来てください。汁がさめてしまうから」

「今、行く」

「――お父さんたら」

弟は、「まァー」という声を出している。私は、「ズン、ズン、タン、タン――」と小さく呟いて全体を徐行させる。父親は無言でカードを切っている。父親は自分の遊びについて、何も説明しなかったけれど、私も弟も、実は私どもと同じ種類の遊びをしていることを知っていた。その証拠に、父親は包紙の裏などに、シャッフルしたカードを並べた結果をいちいち記入していた。その包紙の切れ端が溜まると、少し惜しそうに眺めた後、鼻をかんでしまう。それは表面的には占いかなにかだったのだろうが、不特定の多数の人物に対してであって、たとえば世界中の未知の人物を占っていたかもしれない。

恩給生活で何もすることがなかったせいもあるけれど、それよりなにより、その遊びをはじめてしまった以上、なまじっかなことで手抜きはできない。私も弟も、父親が起(た)つまでは起たなかった。そうして父親が怒鳴る。

「食事といわれたら食事しないか」

私は、小さい時分、生きるとはこういうことだと思っていた。つまり、生産にも消費にも関与しないが、小忙しく、退屈で、疲労困憊(こんぱい)してしまうようなものだというふうに。

[c]私の感じでは、それで、電車の類と充分に親密になれたつもりでいた。或(ある)いは、諒解ができた、というべきか。

（色川武大「雀」による）

問1 傍線部（ア）の表現の本文中における意味内容として最も適当なものを、次の①～⑤のうちから一つ選べ。 難易度★★★★☆

(ア) 邪気を殺して

① 幼さを装って
② 敵意を押し隠して
③ 何も考えないで
④ 感情を抑えて
⑤ まじめなふりをして

問2　傍線部Ａ「私の電車は、積木の木片であり、絵葉書の類だった」とあるが、それはなぜか。その説明として最も適当なものを、次の①～⑤のうちから一つ選べ。

① 電気仕掛けの玩具は模型としてすでに完成されたものであったのに対し、積木の木片や絵葉書は想像を働かせ自分の好みにあわせて車両を編成することができたから。

② 電気仕掛けの玩具はメカニックで固く冷たい感じがしたのに対し、積木の木片や絵葉書は素朴で温かみがあり動かしていて手になじみやすかったから。

③ 電気仕掛けの玩具はひとつひとつが独立したものであったのに対し、積木の木片や絵葉書はいくつも連結させることによって列車に見立てることができたから。

④ 電気仕掛けの玩具はそれだけで完結していたのに対し、積木の木片や絵葉書はひとつひとつを次々に動かすことによって想像の中で電車の世界を表現することができたから。

⑤ 電気仕掛けの玩具の動きが決まりきったものであったのに対し、積木の木片や絵葉書は想像力を働かせて思い通りに複雑な動きをさせることができたから。

問3 傍線部B「実際は、牛耳り、牛耳られる、というふうになって、この遊びが完成した」とあるが、「完成した」とはどのようになったことか。その説明として最も適当なものを、次の①～⑤のうちから一つ選べ。

難易度 ★★★★★

① 自分自身の手でたくさんの電車を動かすことに喜びを覚えると同時に、その構成の複雑さに自らが支配されているような感じを抱くことで、本当に電車の世界らしくなったこと。

② 電車ごっこの線路を拡張して構成を煩雑にしていくにしたがい、遊びに対する興味が薄れて疲労を感じるようになったが、すでに容易なことではやめられないほど中毒になってしまっていたこと。

③ たくさんの電車を複雑な構成で走らせる電車ごっこを通じて、電車のもつ険悪な暴力性に圧倒されつつも、自分が電車の世界を支配する存在にとってかわることができるようになったこと。

④ たくさんの電車を自分の思うがままに動かすことを楽しんでいたが、しだいに電車を正確に運行させることが自分の義務であるかのように感じはじめ、そのために遊びを続けるようになったこと。

⑤ 電車ごっこに興じるうちに電車の仕組みの煩雑さにも対応できるようになったが、より実物に近いものを追求するあまり途中で遊びをやめられなくなってしまったこと。

問4 傍線部C「私の感じでは、それで、電車の類と充分に親密になれたつもりでいた。或いは、諒解ができた、というべきか」とあるが、それはなぜか。その説明として最も適当なものを、次の①〜⑤のうちから一つ選べ。

難易度 ★★★★☆

① 父や弟の姿を通じて人生の不毛さに思いいたると、それまでの自分の未熟さも自覚でき、たくさんの電車を複雑に走らせることの退屈さにも耐えられるようになったから。

② 電車の世界が途中で休むことを許されない果てしない営みに支えられていることを知って、そこに自分が普段の生活の中で感じているのと同じ疲労を感じたから。

③ 中毒になるくらいに電車ごっこに熱中し、電車の音の細かい特徴などもつかめるようになって、電車が家族と同じような身近な存在に思えるようになったから。

④ 電車たちが一糸乱れず運行されている姿に近づきがたいものを感じていたが、電車ごっこによって電車を動かす側に立ち、世の中の仕組みはこのようなものだと納得できたから。

⑤ 電車ごっこも人生も、同じように単調で煩雑な営みの繰り返しだということに気づき、幼い頃電車に対して感じていた脅威や違和感をぬぐいさることができたと思えたから。

ズバリ法

ℓ1（大人「大きくなったら何になりたい？」➡私「運転手！」）

ℓ7 運転手、という返答を聞いて大人は笑ったが、
これは大人の手前、(ア)邪気を殺して**健全に**⊕答えたにすぎない

消去法

「**大人の手前、邪気を殺して**」≒「**大人の前だから、無邪気なフリをして**」≒「**幼さを装って**」と連想できれば、正解の①にたどり着けたかもしれません。でも……ちょっとキビシイかな。ここは「消去法」で、他の選択肢を処理しちゃいましょう！

②を選んだ人は……「**邪気**㊀」という漢字だけで想像しましたね？　**文脈も〝3割〟は意識しないとダメなのです**！「私」は大人に「敵意」なんて持っていませんよ。

③を選んだ人は……**作業が雑すぎます**！　何も考えずに「うんてんしゅ～♪」……じゃなくて、「私」は**大人の前で気を遣い**、健全で子供らしい「運転手」という答えをチョイスしたのです。それに、「何も考えないで」は⊕ではなく、ニュートラルⓃだからダメ。

④を選んだ人は……**語句の意味を正しく捉えるように**！　「感情を抑えて」は、普通「怒りを鎮める」ときなどに使います。「（くそぉ！　ムカつく！　ぐぬぬぬぬ……がまんがまん……………）運転手」なんだこの状況？　②と同じで文脈も〝3割〟です。
⑤を選んだ人は……子供の頃、周囲の期待に抑圧されていたタイプ？（冗談です、ごめんなさい）「運転手＝まじめ」なんて、勝手に思いこんではいけません。この内容だと「本来は不まじめだけど」という前提になってしまいます。

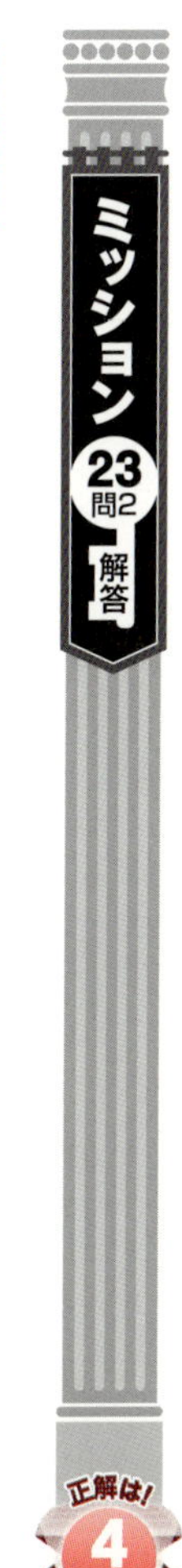

ズバリ法

ℓ24　A［電気仕掛けの玩具㊀］　＝「**個体**」でしかない！
ℓ25　B［積木の木片や絵葉書㊉］＝ⓐ「**たくさん**」の電車を、ⓑ「**複雑な構成**」で走らせることができる！

「ズバリの要素」が〝並立〟する場合、正解でも〝並立〟する

例えば「『ジャイアン』と『スネ夫』が、キャッチボールをしている」という内容に対して、「『ジャイアン』（だけ）が、キャッチボールをしている」という選択肢は、不完全だから×となります。**「ズバリの要素」が二つ〝並立〟している場合、正解にも、二つ入っていなければなりません。**（「ジャイアンたち」ならセーフ！）言いかえれば、二つのうち一つしか入っていない不完全な選択肢は、あっさり「**限定**」**で×**、と判断できるわけです。

今回、**B**の場合は、ⓐ「**たくさん**（複数）」の電車であることと、ⓑ「**複雑な構成**」であること、この二点を完備している選択肢のみが正解となります。

消去法

A＝「電気仕掛けの玩具」／B＝「積木の木片や絵葉書」とします。

①はA＝「**完成されたもの**」／B＝「**自分の好みにあわせて車両を編成することができた**」……「車両を編成」するだけでは「たくさん」&「複雑な構成」になりませんので×。

②はA＝「**メカニックで固く冷たい感じ**」／B＝「**素朴で温かみがあり動かしていて手になじみやすかった**」……そういう話ではありません。当然×。

③はA＝「**ひとつひとつが独立したもの**」／B＝「**いくつも連結させることによって列車に見立てることができた**」……これだと、1本の長～い列車になってしまいますね。「たくさん」の電車ではなくなるので×。「複雑な構成」にもなりません。

④はA＝「**それだけで完結していた**」／B＝「**ひとつひとつを次々に動かす**」……こ、これはスゴイ！　Bの「**ひとつひとつを**」がⓐ「**たくさん（複数）の電車**」であること、「**次々に動かす**」がⓑ「**複雑（それぞればらばら）な構成**」であることを表現しているのです！まさに「**ズバリひねり**」！……ただしラストの「想像の中で電車の世界を表現することができた」は△でしたね。しかし、改めて本文を確認すると「（運転手どころか、）どこかで全体を牛耳っている怪物になりすますことができた」の部分と対応していたと気づきます。いや～まさに、極上の正解選択肢でした。

⑤はA＝「**動きが決まりきったもの**」／B＝「**思い通りに複雑な動き**」……簡単にいうとA＝「単純な動き」／B＝「複雑な動き」という関係です。「動き」に限定し、「たくさん」の要素がないから×！　と判断できます。

ズバリ法

［1］［牛耳っている状態⊕］
＝ℓ26「どこかで全体を牛耳っている怪物になりすますことができた」

［2］［牛耳られている状態⊖］
＝ℓ30「煩雑さを実行せねばならぬ命題の虜となってしまって、面白いどころか、退屈で、小忙しくて、いたずらに疲労に包まれる」

［3］実際は、牛耳り、牛耳られる、というふうになって、この遊びが完成した。

［4］ℓ32「それ以外にもうひとつ、中毒、という症状が残る」

最初は「牛耳っている⊕」状態だった。次に「牛耳られている⊖」状態になった。

でも「実際は」違って、「牛耳り牛耳られる」状態なのです！　……わかる？　「愛し愛される」と同じ構造。「愛する」の後「愛される」のではなく、双方向〝ラブラブ〟なのです!!

それでは、選択肢②③⑤を消去法で処理し、①と④は比較法で処理します。

消去法

②は「**遊びに対する興味が薄れて**」「**中毒**」がタンコブで×。「中毒」は傍線部のあと！
③の「**険悪な暴力性**」ですが、さすがに電車ごっこでは感じないでしょう。
⑤の「**電車の……対応できるようになった**」では「牛耳る⊕」レベルにありません。

比較法

①「自分自身……喜び⊕」と同時に、「支配されているような感じ⊖」
⬇「牛耳り⊕」と同時に「牛耳られ⊖」！
④「自分の……楽しんでいた⊕」しだいに「義務であるかのように感じはじめ⊖」
⬇「牛耳り⊕」しだいに「牛耳られ⊖」！
①「本当に電車の世界らしくなった」
⬇傍線部の「完成した」と合致！　まさに「設問リンク」!!
④「遊びを続けるようになった」
⬇ん？　エンドレス？　トゥービーコンティニュード？

したがって、①の勝ち！「比較法」で完璧に解くのって、気持ちいいでしょ？

ズバリ法

A〔電車ごっこを通して、分かったこと〕

電車の世界は、ℓ30「**退屈で、小忙しくて、いたずらに疲労に包まれる**」ものだ。

B〔私が小さい時分から思っていたこと〕

生きるということは、ℓ55「**小忙しく、退屈で、疲労困憊してしまうようなものだ**」。

私の感じでは、**それで**、電車の類と充分に親密になれた⊕つもりでいた。或いは、諒解ができた⊕、というべきか。

それはなぜか。

極上の「なぜ系問題」。⊕（親密になれた・諒解ができた）の理由なので、正解も⊕の内容になることを確認しましょう。次に指示語の処理です。「それ」が指すのは「AとBが、同じだと気づいたこと」です。総合すると、今まで謎の存在として恐れていた**「電車の世界」が、「生きること」と同様で、たんに疲れるもの**だと気づいて納得したという内容です。

それでは、①③④を消去法、②と⑤を比較法で処理します！

消去法

①は「**父や弟の姿を通じて**」という前提と、「**それまでの自分の未熟さ**」が、タンコブで×。ラストの「**退屈さにも耐えられるようになった**」も本文の内容と合わないので×。

③の「**電車の音の細かい特徴**」をつかんだのは、弟だから×。また「**電車が家族と同じような身近な存在に思える**」ですが、そういうタイプの親密さではありません。

④は、電車の近づきがたさを「**一糸乱れず運行されている姿**」に限定しているので×。また「**世の中の仕組み**」が納得できたという結論も×。諒解できたのは電車の世界です。

比較法

② 「同じ疲労を感じたから」
⬇「**電車の世界も、しんどいんだなぁ〜**」＝㊀の結論！ ⬇×！

⑤ 「脅威や違和感をぬぐいさることができたと思えたから」
⬇「**電車の世界は、そんなに怖くない！**」＝㊉の結論！ ⬇◎！

問3もそうですが、とにかく設問に対して正しく答えることが、入試現代文の本質です。出題意図からズレていないか、こまめに設問文に戻って確認してください。

受験生の皆さんへ

10時間の完走、おつかれさまでした！　ラスボスは無事に倒せましたか？　「1問ミス」以内の人は、無事に卒業です。「2問ミス」以上の人は、まだ何かが習得できていません。「4問ミス」の人は……縁起悪いからもう一冊新しく買い直してください（笑）。いずれにせよ、本書はもう一度読み直すと、技術（メソッド）がより密接に連鎖して、効果は倍増します！

ところで、前作『センター現代文のスゴ技』では、本当にたくさんの温かいレビューをいただきました。この場をお借りして、厚く御礼を申し上げます。厳しいご意見も含め、「なんかちょっとひとこと言いたくなる本」が書けたということを、誇らしく思っております。

そのなかに、「読み終わったら、**なぜか解けるような自信が湧いてきて**、実際に解けるようになっていて驚いた」といったコメントを多数発見し、ニヤニヤしちゃいました。そうなんです、じつはこの参考書、キミたちが「解ける！」という自信が湧くように、まじないをかけて作ったんです。『千と千尋の神隠し』の「ハクのおにぎり」と同じ効能だね！

さあその自信を胸に、実戦トレーニングを繰りかえして、自信を確信に、不安を期待に塗りかえよう。10時間限定の教え子たちよ、本番で自己ベストをたたきだしてこい！

RGBサリヴァン・現代文講師　宮下善紀

資料①

マーク式頻出漢字250

資料②

現代文重要単語150

共通テスト「評論（論理的文章）」の問1は漢字の問題。4～5択の選択肢問題だから、「出やすい漢字」「出にくい漢字」をある程度分析できます。なかでも「5問中、いつも1～2個間違えちゃう」……の1～2個を集めた自信作です。とくに「漢字の意味」のところをしっかり覚えると、熟語の推理力がめちゃくちゃ上がります！

さらに「現代文重要単語」も掲載しております。評論を速く、そして正確に読むために必要な、最低限の語句を集めました。「小説（文学的文章）」問1の対策も兼ねていますから、文系理系問わず、本編と併行してしっかり暗記してください！

センター出題回数 ／ 上の読み方の常用漢字数 ／ オマケ漢字

イ　5回／24コ

例題	解答（太字の漢字の意味）	使用例
① 人事イドウの季節。	異動（こと—なる）	異彩・異端・異郷・奇異・驚異
② 条例にイキョする。	依拠（頼りにする）	依存・依然・依頼・帰依（キエ）
③ 核兵器のキョウイ。	脅威（強くて立派・脅す・強い力）	威圧・権威・示威・猛威
④ イサイを承知する。	委細（任せる・詳しい）	委員・委曲・委嘱・委任
⑤ 関係者カクイに告ぐ。	各位（場所・身分）	位相・即位・単位・品位
⑥ ムイに時を過ごす。	無為（ため・行う）	為政者・行為・作為・所為
⑦ 人心をイブする。	慰撫（なぐさ—める・いたわる）	慰安・慰謝・慰問・慰労・慰霊

▲【維】維持・繊維　【遺】遺憾・遺棄　【偉】偉業・偉人　【違】違和・相違　【緯】緯度・経緯

イン　2回／13コ

例題	解答（太字の漢字の意味）	使用例
⑧ インボウを暴く。	陰謀（かげ）	陰影・陰険・陰湿・光陰
⑨ 証拠をイントクする。	隠匿（かく—す）	隠居・隠語・隠蔽・隠喩
⑩ インシュウを打破する。	因襲（よ—る・物事が起こるわけ）	（＝因習）・因縁・因果・遠因

▲【引】引導・索引　【員】幅員・人員　【韻】余韻・韻律

エイ　1回／10コ

例題	解答（太字の漢字の意味）	使用例
⑪ 新進キエイの画家。	気鋭（するど—い）	鋭敏・鋭利・新鋭・精鋭
⑫ ゼンエイ芸術家。	前衛（守る・守る人）	衛生・衛星・護衛・防衛

▲【栄】栄転・栄枯　【詠】詠嘆・吟詠　【営】営利・陣営　【影】投影・幻影　【英】英断・英知

エン　2回／17コ

例題	解答（太字の漢字の意味）	使用例
⑬ 私鉄のエンセンに住む。	沿線（そ—う）	沿海・沿革・沿岸
⑭ コウエンな理想を抱く。	高遠（とお—い・隔たりが大きい）	遠征・遠慮・敬遠・深遠
⑮ 会社のエンコ採用。	縁故（ふち・つながり・巡り合わせ）	縁側・縁起・縁日・血縁

▲【延】延滞・遅延　【円】円滑・円熟　【援】援用・援護　【怨】怨恨・私怨

カ　3回／32コ

例題	解答（太字の漢字の意味）	使用例
⑯ カブンにして存じません。	寡聞（少ない）	寡黙・寡占・多寡
⑰ 積極カダンな行動。	果断（は—たす・果実・結果）	果敢・果実・果報・釣果
⑱ スンカを惜しんで働く。	寸暇（ひま）	閑暇・余暇
⑲ カクウの請求書。	架空（か—ける・物をかける台）	架橋・担架・十字架

▲【過】過分・看過　【禍】禍福・舌禍　【渦】渦中・戦渦　【稼】稼動・稼業

カイ　7回／25コ

例題	解答（太字の漢字の意味）	使用例
⑳ 過去をジュッカイする。	述懐（なつ—かしい・ふところ）	懐疑・懐古・懐柔・懐中
㉑ 両者にカイザイする問題。	介在（仲立ちをする・助ける）	介抱・魚介・媒介・厄介
㉒ ゲンカイ体制を敷く。	厳戒（いまし—める・注意する）	戒告・戒名・警戒・戒律
㉓ カイモク見当がつかない。	皆目（みな・すべて）	皆勤・皆無・皆既日食

▲【回】回顧・旋回　【壊】壊滅・崩壊　【改】改訂・更改　【悔】悔恨・後悔　【解】解雇・解剖　【塊】団塊

カク　7回／18コ

例題	解答（太字の漢字の意味）	使用例
㉔ 陰でカクサクする。	画策（描く・仕切る・計画する）	画一・画然・企画・区画
㉕ カクセイの感がある。	隔世（へだ—てる）	隔絶・隔離・遠隔
㉖ ガイカク団体を設立。	外郭（城壁・囲い）	輪郭・城郭
㉗ 母校のエンカクを調べる。	沿革（かわ・ピンと張る・改まる）	革新・革命・改革・皮革

▲【獲】獲得・捕獲　【穫】収穫　【拡】拡散・拡充　【殻】地殻・甲殻　【格】格調・格式

カツ　4回／9コ

例題	解答（太字の漢字の意味）	使用例
㉘ 平和をカツボウする。	渇望（かわ—く）	枯渇・渇水（カッスイ）
㉙ 諸説をホウカツする。	包括（くくる・ひとまとめにする）	一括・概括・総括・統括
㉚ 県庁のカンカツ外。	管轄（取り締まる）	所轄・直轄

▲【割】割愛・分割　【喝】恐喝・一喝　【滑】円滑・潤滑

カン　18回／46コ

例題	解答（太字の漢字の意味）	使用例
㉛ 証人をカンモンする。	喚問（呼ぶ・わめく）	喚起・喚声・召喚・叫喚
㉜ 窓を開けてカンキする。	換気（か—える）	換言・互換・置換・転換
㉝ 最下位にカンラクする。	陥落（おちい—る・おとしい—れる）	陥没・欠陥

例題	解答（太字の漢字の意味）	使用例
34 武装解除をカンコクする。	勧告（すす―める）	勧業・勧善・勧誘
35 国のカンサ機関。	監査（見定める・見張る）	監修・監視・監督・監獄
36 税の減免分をカンプする。	還付（返る・巡らす）	還元・還暦・生還・返還
37 諸事情をカンアンする。	勘案（考える・突き詰める）	勘定・勘当・勘忍・勘弁
38 カンゼンと立ち向かう。	敢然（あえてする）	敢行・果敢・勇敢
39 カンショウ材を詰める。	緩衝（ゆる―い・ゆるめる）	緩慢・緩和・弛緩
40 我が国のキカン産業。	基幹（みき・中心となる部分）	幹事・根幹・主幹・幹線道路
41 カンゲンに乗せられる。	甘言（あま―い）	甘受・甘美・甘露
42 シンカンとした境内。	森閑（ひま・ゆったり静かな）	（＝深閑）・閑散・閑話
43 カンカできない事態。	看過（見る・見守る）	看護・看破・看板

▲【慣】慣行・慣例　【款】借款・約款　【管】管制・管轄　【環】環境・循環　【鑑】鑑識・鑑賞　【干】干拓・干渉　【肝】肝要・肝臓　【寛】寛大・寛容　【官】官能・官僚

キ　5回　39コ

例題	解答	使用例
44 海外進出をキトする。	企図（くわだ―てる）	企画・企業
45 コッキ心を育む。	克己（おのれ）	知己・自己（ジコ）・利己（リコ）
46 キチの事実として語る。	既知（すで―に）	既成・既製・既存
47 業界の発展にキヨする。	寄与（よ―る・よ―せる）	寄生・寄贈・寄付・数寄
48 人情のキビに触れる。	機微（仕組み・きざし）	機会・機知・契機・投機
49 キハツ性の油。	揮発（振るう・発散する）	発揮・指揮
50 控訴をキキャクする。	棄却（捨てる）	棄権・遺棄・投棄・破棄

▲【岐】多岐・分岐　【軌】軌跡・常軌　【帰】帰依・帰属　【希】希代・希釈　【祈】祈願・祈念　【基】基底・基軸　【起】起訴・躍起　【規】規範・正規　【貴】貴重・騰貴　【忌】忌避・禁忌

ギ　3回　11コ

例題	解答	使用例
51 言葉をコウギに解釈する。	広義（正しい筋道・意味）	意義・奥義・狭義・名義
52 イギを正して参列する。	威儀（手本に則る・作法）	祝儀・余儀・地球儀
53 昆虫の見事なギタイ。	擬態（なぞらえる・よく似せる）	擬音・擬装・模擬・擬人法

▲【宜】適宜・便宜　【偽】偽善・虚偽　【疑】懐疑・疑惑　【欺】詐欺

キュウ　3回　22コ

例題	解答	使用例
54 事件にゲンキュウする。	言及（およ―ぶ）	及第・遡及・追及・普及
55 フキュウの名作。	不朽（く―ちる・すたれる）	腐朽・老朽
56 汚職をキュウダンする。	糾弾（より合わせる・よじれる）	糾合・紛糾

▲【窮】窮屈・困窮　【究】究極・究明　【給】給付・供給

キョ　4回　9コ

例題	解答	使用例
57 マイキョに暇がない。	枚挙（あ―げる・行動）	挙措・挙動・検挙・暴挙
58 法律にジュンキョする。	準拠（よる・拠り所とする）	拠点・依拠・根拠・典拠
59 人前でキョセイを張る。	虚勢（むなしい・いつわり）	虚栄・虚構・虚飾・虚無

▲【許】許諾・特許　【去】去就・撤去　【拒】拒絶・拒否

キョウ　5回　30コ

例題	解答	使用例
60 能楽をキョウジュする。	享受（受ける・ご馳走でもてなす）	享年・享楽
61 ヘンキョウの町に住む。	辺境（さかい・状況・場所）	境遇・越境・逆境・心境
62 キョウリョウな小人物。	狭量（せま―い・せば―める）	狭義・狭隘（キョウアイ）・偏狭

▲【協】協賛・協定・妥協　【脅】脅威・脅迫　【況】概況・実況

ケイ　3回　32コ

例題	解答	使用例
63 全神経をケイチュウする。	傾注（かたむ―く）	傾向・傾斜・傾倒・傾聴
64 ケイトウ立てて話す。	系統（つなぐ・つながり）	系図・系列・体系
65 テンケイに導かれる。	天啓（心を開く・理解させる・申す）	啓示・啓発・啓蒙

▲【係】係争・係数　【携】提携・連携　【契】契機・契約　【掲】掲載・掲揚　【景】景勝・借景

	例題	解答（太字の漢字の意味）	使用例
ケン 6回 33コ	66 思想がケンザイ化する。	顕 在（明らかになる・現れる）	顕現・顕著・顕微鏡
	67 国際空港でのケンエキ。	検 疫（調べる・取り締まる）	検挙・検索・検察・点検
	68 鉄棒でケンスイをする。	懸 垂（か―ける・かけ離れる）	懸案・懸隔・懸賞・懸命
	69 灯籠をケンノウする。	献 納（捧げる）	献上・献身・貢献・文献
	70 オンケン派の国会議員。	穏 健（すこ―やか・元気）	健脚・健勝・健全・健闘
	▲【肩】双肩・比肩　【倹】倹約・勤倹　【建】建議・封建　【堅】堅固・堅持・中堅		
コ 5回 23コ	71 コグン奮闘する。	孤 軍（一人ぼっち）	孤高・孤児・孤独・孤立
	72 カッコたる証拠をつかむ。	確 固（かた―まる）	固辞・固執・頑固・凝固
	73 部員たちをコブする。	鼓 舞（つづみ・太鼓を叩く）	鼓動・鼓膜・太鼓
	74 中学時代をカイコする。	回 顧（かえり―みる・気を掛ける）	顧客・顧問・顧慮
	▲【枯】枯淡・栄枯　【呼】呼応・点呼　【雇】雇用・解雇　【誇】誇示・誇張		
ゴ 2回 13コ	75 ゴカン性のある部品。	互 換（たが―い）	互角・交互・相互
	76 時代サクゴの校則。	錯 誤（あやま―る）	誤解・誤差・誤算・誤認
	▲【護】護衛・擁護　【悟】悟性・覚悟		
コウ 10回 68コ	77 科学文明のコウザイ。	功 罪（てがら・成し遂げた仕事）	功績・功名・功利・年功
	78 技術のコウセツを論じる。	巧 拙（たく―み）	巧妙・技巧・巧言令色
	79 大臣をコウテツする。	更 迭（さら・ふ―ける・変える）	更新・更改・更地（サラチ）
	80 些事にコウデイする。	拘 泥（とらえる・とらわれる）	拘禁・拘束・拘置・拘留
	81 コウガン無恥な男。	厚 顔（あつ―い・分厚い・丁重な）	温厚・厚遇・厚生・濃厚
	82 コウジョウ性を保つ物質。	恒 常（常に変わらない・いつも通り）	恒久・恒星・恒例
	▲【好】好悪・好敵手　【攻】攻防・専攻　【綱】綱紀・要綱　【興】振興・復興　【衡】均衡・平衡　【控】控訴・控除 【効】効能・時効　【荒】荒廃・荒涼　【稿】草稿・投稿　【購】購入・購読		
コク 5回 9コ	83 近代をチョウコクする。	超 克（勝つ・やり抜く）	克服・克明・克己（コッキ）
	84 文書にコクゲンを記す。	刻 限（きざ―む・時の刻み）	刻印・一刻・深刻・彫刻
	85 内容がコクジしている。	酷 似（ひどい・はなはだしい）	酷使・過酷・残酷・冷酷
	▲【穀】穀倉・脱穀		
サ 2回 12コ	86 犯罪をキョウサする。	教 唆（そそのか―す）	示唆
	87 商品をサシュする。	詐 取（いつわる・あざむく）	詐欺・詐称
	88 高速道路をフウサする。	封 鎖（くさり・中に閉じこめる）	鎖国・鎖骨・閉鎖・連鎖
	89 地価をサテイする。	査 定（調べる）	査察・監査・巡査・精査
	▲【左】左遷・証左　【佐】大佐・補佐		
サイ 3回 27コ	90 敵をフンサイする。	粉 砕（くだ―く）	砕石・砕氷船
	91 借金をカンサイする。	完 済（す―む・救う・不足を補う）	救済・決済・返済
	92 セイサイを欠く。	精 彩（いろど―る）	（＝生彩）・彩色・多彩・迷彩
	93 テイサイを気にする。	体 裁（た―つ・さば―く・形）	裁断・裁縫・裁量・制裁
	94 市がシュサイする音楽会。	主 催（もよお―す・うながす）	催促・催眠・開催
	▲【宰】宰領・主宰　【栽】栽培・盆栽　【債】債務・負債　【細】細心・詳細　【採】採算・採決		
サク 3回 10コ	95 夢と現実がコウサクする。	交 錯（まじる・あやまる）	錯誤・錯乱・錯覚（サッカク）
	96 人生の意味をシサクする。	思 索（探し求める・離れる）	索引・索漠・検索・詮索・捜索
	97 利益をサクシュする。	搾 取（しぼ―る）	搾乳・圧搾
	98 記録をサクジョする。	削 除（けず―る）	削減・掘削・添削
	▲【策】策略・画策		

	例題	解答（太字の漢字の意味）	使用例
シ 2回 50コ	99 法令がシコウされる。	**施**行（ほどこーす）	施策・施政・施設・実施
	100 シカクを送り込む。	**刺**客（さーす・弱みを攻める）	刺激・風刺・名刺
	101 シト不明金。	**使**途（つかーう）	使役・駆使・酷使

▲【旨】趣旨・論旨　【賜】賜杯・恩賜　【支】支持・支障　【指】屈指・指針

	例題	解答（太字の漢字の意味）	使用例
ジ 1回 22コ	102 文章のソジを練る。	措**辞**（やーめる・言葉）	辞令・固辞・謝辞・修辞・世辞
	103 ジダン金を支払う。	**示**談（しめーす）	開示・啓示・顕示・明示
	104 ジヒ深い心を持つ。	**慈**悲（いつくーしむ・情け深い）	慈愛・慈恵・慈善・慈母
	105 状況をチクジ報告する。	逐**次**（つーぐ・次・順序）	次元・順次・席次・漸次

▲【滋】滋養・滋味　【時】時宜・暫時　【似】酷似・相似

	例題	解答（太字の漢字の意味）	使用例
シツ 3回 9コ	106 シッコクの闇。	**漆**黒（うるし・黒い）	漆器・乾漆（カンシツ）
	107 重いシッペイに苦しむ。	**疾**病（速い・急性の病気）	疾患・疾走・疾風

▲【執】執行・執筆・固執(コシツ)・確執(カクシツ)

	例題	解答（太字の漢字の意味）	使用例
シュウ 2回 26コ	108 モウシュウにとらわれる。	妄**執**（とーる・とらえる）	執着・執念・我執
	109 アイシュウが漂う。	哀**愁**（うれーい・寂しがる・侘しさ）	郷愁・愁傷・憂愁
	110 シュウブンの絶えない人。	**醜**聞（みにくーい）	醜悪・醜態・美醜

▲【周】周知・周到　【酬】応酬・報酬　【修】監修・補修　【収】徴収・収奪　【秀】秀逸　【襲】世襲

	例題	解答（太字の漢字の意味）	使用例
ジュウ 2回 12コ	111 カイジュウ策を講じる。	懐**柔**（やわーらか・やわらげる）	柔軟・優柔・柔和（ニュウワ）
	112 建設業にジュウジする。	**従**事（したがーう）	従軍・従順・従属

▲【縦】縦横・操縦　【渋】渋滞・苦渋　【充】充満・拡充

	例題	解答（太字の漢字の意味）	使用例
ジョ 1回 7コ	113 扶養コウジョの申請。	控**除**（のぞーく）	除外・除去・排除・免除・除夜
	114 不安をジョチョウさせる。	**助**長（たすーける・力を貸す）	助言・援助・扶助・補助
	115 秋の生存者ジョクン。	**叙**勲（述べる・序列に組み込む）	叙位・叙景・叙事・叙述・叙情

▲【如】欠如・突如・如実(ニョジツ)　【序】序章・秩序

	例題	解答（太字の漢字の意味）	使用例
ショウ 5回 67コ	116 残高をショウカイする。	**照**会（てーる・問い合わせる）	照合・照準・対照的
	117 快くショウダクする。	**承**諾（うけたまわーる）	承知・承認・継承
	118 年齢フショウの人物。	不**詳**（くわーしい・つまびらか）	詳細・詳報・詳述・未詳
	119 ショウジを破る。	**障**子（さわーる・邪魔するもの）	障害・故障・支障・保障
	120 国の災害ホショウ。	補**償**（つぐなーう）	償却・償還・代償・賠償・弁償
	121 イショウを凝らした茶室。	意**匠**（たくみ・技術の高い人）	巨匠・師匠
	122 ショウソウ感にかられる。	**焦**燥（こーげる・あせーる）	焦土・焦眉・焦点
	123 信用金庫のショウガイ係。	**渉**外（わたる・関わる）	干渉・交渉・渉猟
	124 実権をショウアクする。	**掌**握（たなごころ・手のひら）	掌中・合掌・車掌

▲【称】称号・敬称・対称　【祥】発祥・不祥事　【招】招待・招致　【召】召還・召喚　【相】相伴・宰相
【尚】高尚・早尚　【抄】抄本・抄訳　【彰】顕彰・表彰　【肖像】肖像・不肖

	例題	解答（太字の漢字の意味）	使用例
ジョウ 2回 24コ	125 キジョウな笑顔を見せる。	気**丈**（たけ・背丈などが高い）	丈夫・頑丈
	126 ジョウマンな文章。	**冗**漫（あまる・たるむ・無駄が出る）	冗談・冗長
	127 ヨジョウ作物を処分する。	余**剰**（あまり・そのうえに・残る）	過剰
	128 やむなくジョウホする。	**譲**歩（ゆずーる・ひかえめな）	譲渡・譲与・委譲
	129 ジョウセキ通りに打つ。	**定**石（さだーめる）	定規・勘定・必定
	130 消耗品はジョウビする。	**常**備（つね・長く変わらない）	異常・無常・尋常

▲【浄】洗浄・不浄　【壌】土壌・豊壌　【錠】錠剤・施錠

	例　題	解　答（太字の漢字の意味）	使用例
ショク 3回 10コ	131 資本をゾウショクする。	**増** **殖**（ふ―える）	殖産・生殖・繁殖・養殖
	132 ゴショクを修正する。	誤 **植**（う―える・定着させる）	植樹・植林・移植
	133 キョショクだらけの生活。	虚 **飾**（かざ―る・綺麗にする）	修飾・装飾・服飾・粉飾
	134 法律にテイショクする。	抵 **触**（ふ―れる・さわ―る）	触媒・触発・接触・触覚・触手
	▲【嘱】委嘱・嘱託　【職】辞職・就職		
シン 4回 31コ	135 境内のシンゲンな雰囲気。	**森** 厳（もり・こんもりと暗い）	森閑・森林
	136 シンプクの最大値を測る。	**振** 幅（ふ―る・ふ―るう）	振動・振興・不振
	137 シンサンをなめる。	**辛** 酸（から―い・つらい）	辛苦・辛勝・辛抱
	138 岩をシンショクする。	**浸** 食（ひた―す・しみこむ）	浸水・浸透
	139 領空をシンパンする。	**侵** 犯（おか―す・じわじわ入りこむ）	侵害・侵入・侵略・不可侵
	140 フシンな点の多い供述。	不 **審**（細かく見極める・調べる）	審議・審査・審判・陪審
	▲【慎】慎重・謹慎　【申】申告・申請　【針】針路・針葉樹		
ジン 4回 11コ	141 復興にジンリョクする。	**尽** 力（つ―くす）	無尽蔵・理不尽
	142 ジンソクな事務処理。	**迅** 速（はやい）	迅雷・奮迅
	143 コウジンに存じます。	幸 **甚**（はなは―だしい）	甚大・甚句
	▲【陣】陣痛・退陣		
スイ 2回 14コ	144 キッスイの江戸っ子。	生 **粋**（混じりけがないさま）	粋人・純粋・抜粋・無粋
	145 二人の仲をジャスイする。	邪 **推**（お―す・おしはかる）	推移・推奨・推薦・推挙・推理
	146 古美術にシンスイする。	心 **酔**（よ―う・正気をなくす）	酔狂・麻酔
	147 任務をカンスイする。	完 **遂**（と―げる）	遂行・未遂
	▲【垂】懸垂・胃下垂　【帥】元帥・統帥　【衰】衰微・盛衰		
セイ 3回 35コ	148 敵をセイバツする。	**征** 伐（まっしぐらに進む）	征服・遠征・出征
	149 反対派をシュクセイする。	粛 **清**（きよ―い・けがれなく澄む）	清潔・清澄・清涼・清貧
	150 自己をナイセイする。	内 **省**（かえり―みる・はぶ―く）	帰省・反省・省略（ショウリャク）
	151 渡航許可をシンセイする。	申 **請**（こ―う・う―ける）	請願・請求・普請（フシン）
	▲【斉】斉唱・一斉　【凄】凄絶・凄惨　【逝】逝去・急逝　【精】精米・精密　【世】処世・時世		
セキ 0回 17コ	152 綱引きでセキハイする。	**惜** 敗（お―しい）	惜別・哀惜・痛惜
	153 ルイセキ赤字が膨らむ。	累 **積**（つ―む・つ―もる）	積載・堆積・蓄積・積乱雲
	154 ボウセキ業を営む。	紡 **績**（つむぐ・よい結果）	業績・功績・実績
	▲【責】責務・職責　【跡】遺跡・追跡　【籍】本籍・書籍　【析】析出・解析　【斥】排斥・斥候（セッコウ）		
セツ（セッ） 6回 12コ	155 セツレツな文章。	**拙** 劣（つたない・自己を謙遜する）	拙速・巧拙・稚拙
	156 自然のセツリに従う。	**摂** 理（とる・そろえて持つ・挟まる）	摂取・摂政・摂生
	157 セッチュウ案を提示する。	**折** 衷（お―る・お―れる）	折衝・折半・曲折・屈折・挫折
	158 金属をヨウセツする。	溶 **接**（つ―ぐ・まじわる・うける）	接待・応接・隣接
	159 セッソウのない人。	**節** 操（ふし・区切り・節目で抑える）	節約・節減・節句・貞節
	▲【切】切迫・懇切　【接】隣接・接待　【設】設備・敷設　【雪】雪辱		
セン 5回 31コ	160 幾多のヘンセンを経る。	変 **遷**（うつる・うつす）	遷移・遷都・左遷
	161 センサイな乙女心。	**繊** 細（ほそい・細かい）	繊維・繊毛・化繊
	162 詩作にチンセンする。	沈 **潜**（ひそ―む・もぐ―る）	潜在・潜伏・潜水・潜入
	163 下宿をシュウセンする。	周 **旋**（めぐる・間で仲をとりもつ）	旋回・旋風・旋律・凱旋・螺旋
	▲【染】染料・汚染　【詮】詮索・所詮　【浅】浅学・浅薄　【泉】源泉　【先】率先　【薦】推薦　【羨】羨望		

ソ 5回 15コ

例題	解答（太字の漢字の意味）	使用例
164 クウソな議論が続く。	空疎（うと—い・まばら）	疎遠・疎開・疎外・過疎
165 実物大のソゾウをつくる。	塑像（土をけずる・粘土の像）	彫塑・可塑性
166 万全のソチをとる。	措置（おく・手をくだす）	挙措・措辞・措定
167 精神分析のシソ。	始祖（先祖・はじめ）	祖先・祖父・開祖・元祖
168 ソヤな振る舞いをする。	粗野（あら—い・粗末な）	粗悪・粗雑・粗品・粗食・粗密

▲【礎】礎石・定礎 【租】租税・地租 【阻】阻止 【素】平素

ソウ 6回 39コ

例題	解答（太字の漢字の意味）	使用例
169 ジョウソウ教育。	情操（あやつ—る・たぐり寄せる）	操縦・節操・体操・貞操
170 ソウケンに担う。	双肩（ふたつ並んだもの・匹敵）	双方・無双・双生児
171 ソウケンな肉体。	壮健（元気・勇ましく立派）	壮観・壮挙・壮図（ソウト）・強壮
172 ソウワが盛りこまれる。	挿話（さ—す・さしはさむ）	挿入・挿絵（サシエ）
173 在庫をイッソウする。	一掃（は—く・きれいにする）	掃除・清掃

▲【荘】荘厳・荘重（ソウチョウ） 【装】装置・舗装 【燥】乾燥・焦燥 【捜】捜査・捜索

ダ 2回 7コ

例題	解答（太字の漢字の意味）	使用例
174 ダトウな判断。	妥当（安らかに落ち着いている）	妥協・妥結
175 ダミンをむさぼる。	惰眠（おこたる・なまける）	怠惰・惰性

▲【駄】駄菓子・駄作 【堕】堕落・堕胎

タイ 6回 22コ

例題	解答（太字の漢字の意味）	使用例
176 授業料をタイノウする。	滞納（とどこお—る）	延滞・渋滞・沈滞
177 職務タイマンな社員。	怠慢（おこた—る・なま—ける）	怠惰・倦怠
178 新しい文学のタイドウ。	胎動（はらご・はらむ）	胎児・受胎・胚胎・換骨奪胎
179 上司にシンタイを伺う。	進退（しりぞ—く）	退却・退屈・撃退

▲【帯】携帯・連帯 【待】待遇・待機 【耐】耐久・耐性 【泰】泰然・安泰

タン 9回 17コ

例題	解答（太字の漢字の意味）	使用例
180 タンテキにまとめる。	端的（はし・はた・物事の一部分）	端正（整）・端緒・極端・発端
181 家をタンポにいれる。	担保（かつ—ぐ・にな—う）	担架・担当・荷担・負担
182 相手のコンタンを見ぬく。	魂胆（きも・本心・勇気や決断力）	大胆・落胆・肝胆相照らす
183 タンソクをもらす。	嘆息（なげ—く）	嘆願・詠嘆・慨嘆・感嘆・驚嘆
184 コタンの境地に至る。	枯淡（あわ—い・あっさりしたさま）	淡彩・淡水・淡泊・濃淡・冷淡

▲【探】探求・探究 【短】短縮・短絡 【鍛】鍛錬・鍛冶（カジ）

チ 2回 13コ

例題	解答（太字の漢字の意味）	使用例
185 美のキョクチ。	極致（いた—る）	一致・合致・招致・誘致
186 チセツな行為を繰りかえす。	稚拙（おさない・若い）	稚魚・幼稚

▲【痴】痴情・愚痴 【恥】恥辱・無恥 【緻】緻密・精緻

チク 3回 5コ

例題	解答（太字の漢字の意味）	使用例
187 雑誌をチクジ刊行する。	逐次（後を追う・追い払う）	逐一・逐語・角逐・駆逐
188 ガンチクに富む文章。	含蓄（たくわ—える）	蓄積・貯蓄・備蓄

▲【竹】爆竹・竹馬 【畜】畜産・牧畜 【築】建築・構築

チョウ 5回 28コ

例題	解答（太字の漢字の意味）	使用例
189 ジチョウ気味につぶやく。	自嘲（あざける）	嘲笑
190 最近のフウチョウ。	風潮（あさしお・世の情勢）	潮流・干潮・思潮・満潮
191 チョウメイな秋空。	澄明（す—む）	清澄

▲【弔】弔問・弔辞 【兆】兆候・前兆 【眺】眺望 【釣】釣果

テイ 6回 24コ

例題	解答（太字の漢字の意味）	使用例
192 業務テイケイする。	提携（さ—げる・ひっぱる）	提起・提供・提言・提唱・前提
193 文化のキテイにあるもの。	基底（そこ）	底辺・徹底・到底・払底
194 法律にテイショクする。	抵触（いたる・あたる・さからう）	抵抗・大抵

▲【呈】贈呈・謹呈 【偵】内偵・偵察 【締】締結 【諦】諦念・諦観

	例題	解答（太字の漢字の意味）	使用例

テキ 2回 6コ

	例題	解答	使用例
195	違反者をテキハツする。	摘発（つ一む）	摘出・摘要・指摘
196	テキギの処置。	適宜（心地よい・ぴたりと合う）	適応・適切・適度・適当・快適

▲【滴】点滴・水滴　【敵】敵意・匹敵

トウ 9回 41コ

	例題	解答	使用例
197	シュウトウに準備する。	周到（いたる・出し尽くす）	到着・到底・到達・殺到
198	万葉集にケイトウする。	傾倒（たお一れる・さかさまになる）	倒産・倒置・圧倒・罵倒・卒倒
199	方針をトウシュウする。	踏襲（ふ一む・ふ一まえる）	踏破・舞踏・高踏的
200	父母のクントウを受ける。	薫陶（陶器・教化する・打ち解ける）	陶器・陶酔・陶冶(トウヤ)
201	地価がトウキする。	騰貴（（馬が）跳ね上がる）	急騰・沸騰・暴騰・奔騰

▲【討】検討・討伐　【唐】唐突・荒唐無稽

ハイ 3回 13コ

	例題	解答	使用例
202	抵抗勢力をハイセキする。	排斥（左右に開く・押しのけて除く）	排気・排除・排水・排他的
203	核兵器のハイゼツを願う。	廃絶（すた一れる・やめる）	荒廃・廃止・撤廃(テッパイ)

▲【拝】拝見・崇拝・参拝(サンパイ)　【背】背信・背任　【敗】敗北・腐敗　【輩】輩出・同輩

バイ 3回 8コ

	例題	解答	使用例
204	取引をバイカイする。	媒介（仲立ち・二つを結合させる）	媒体・媒酌・触媒
205	細胞をバイヨウする。	培養（つちか一う）	栽培

▲【陪】陪審・陪席　【賠】賠償

ハク 1回 9コ

	例題	解答	使用例
206	ハクシンの演技。	迫真（せま一る）	迫害・迫力・圧迫(アッパク)・脅迫・切迫(セッパク)
207	作業にハクシャをかける。	拍車（手を叩く・リズムをとる）	拍手・拍子(ヒョウシ)

▲【伯】伯仲・画伯　【剝】剝離・剝奪　剝製

ハン 4回 25コ

	例題	解答	使用例
208	雑草がハンモする。	繁茂（しげる・にぎやかなさま）	繁栄・繁忙・繁華街
209	ハンザツな手続き。	煩雑（わずら一わしい）	煩瑣(ハンサ)・煩悶・煩悩(ボンノウ)

▲【判】判然・判定　【伴】同伴・随伴・伴奏(バンソウ)　【販】販売・販路　【頒】頒布　【汎】汎用

ヒ 7回 21コ

	例題	解答	使用例
210	ヒガの思想を比較する。	彼我（かれ・向こうの・あの）	彼岸
211	ヒキンな例。	卑近（いや一しい・身分が低い）	卑下・卑屈・卑小
212	徴兵をキヒする。	忌避（さ一ける）	避難・逃避・避暑・不可避

▲【疲】疲労・疲弊　【被】被服・被告　【秘】秘密・秘匿　【碑】碑銘・碑文　【罷】罷業・罷免

フ 5回 25コ

	例題	解答	使用例
213	博士号をフヨする。	付与（つ一ける・相手に渡す）	給付・交付・寄付
214	事業再建にフシンする。	腐心（くさ一る・心を痛める）	腐敗・腐乱・陳腐(チンプ)
215	スマホのフキュウ率。	普及（あまねし・広く行きわたる）	普遍・普請

▲【譜】譜面・系譜　【布】布陣・公布　【扶】扶助・扶養

フク（フク） 0回 9コ

	例題	解答	使用例
216	フクセンを敷く。	伏線（ふ一せる）	伏兵・起伏・雌伏・潜伏
217	道路のフクインを測る。	幅員（はば）	振幅・全幅

▲【復】報復・往復　【複】複製・重複　【覆】覆面・覆水

フン 2回 8コ

	例題	解答	使用例
218	フンショク決算を見破る。	粉飾（こな・こなごなにする）	粉末・粉砕・粉骨砕身
219	政局がフンキュウする。	紛糾（まぎ一れる・まぎ一らわしい）	紛失・紛争・内紛
220	連敗にフンキする。	奮起（ふる一う・気合いをこめる）	奮発・興奮
221	差別にフンガイする。	憤慨（いきどお一る）	憤怒・義憤・発憤

▲【噴】噴火・噴出　【墳】古墳・墳墓

ヘン 1回 7コ

	例題	解答	使用例
222	ヘンコウした思想。	偏向（かたよ一る）	偏見・偏食・偏差
223	恋愛ヘンレキ。	遍歴（あまねし・広く行きわたる）	普遍・遍路・偏在

▲【編】編成・編集　【辺】周辺・辺境　【片】破片・断片(ダンペン)

	例題	解答（太字の漢字の意味）	使用例
ボ 1回 7コ	224 ボジョウを抱く。	**慕**情（した―う）	敬慕・思慕
	225 ハクボの迫る甲子園球場。	薄**暮**（く―れる）	暮春・歳暮・野暮・朝三暮四
	226 ゲンボと照合する。	原**簿**（帳面）	簿記・名簿・帳簿
	▲【募】募金・応募　【墓】墓地・墓穴		
ホウ 1回 24コ	227 全体をホウカツして扱う。	**包**括（つつ―む）	包囲・包含・内包・包容力
	228 負傷者をカイホウする。	介**抱**（だ（いだ）―く・かか―える）	抱負・抱擁・辛抱（シンボウ）
	▲【胞】胞子・同胞　【奉】奉仕・奉納　【俸】俸給　【飽】飽和・飽食　【褒】褒章・褒美　【縫】縫合・縫製		
ボウ 6回 23コ	229 店がハンボウ期を迎える。	繁**忙**（いそが―しい）	忙殺・多忙
	230 綿と化繊のコンボウ。	混**紡**（つむ―ぐ）	紡績・紡錘・紡織
	231 ロボウに咲く小さな花。	路**傍**（かたわ―ら）	傍観・傍聴・傍証・傍若無人
	232 若者のムボウな運転。	無**謀**（はか―る・悪事を企む）	謀略・首謀者
	233 ボウダイな情報量。	**膨**大（ふく―らむ）	膨張・膨満
	▲【冒】冒険・感冒　【暴】暴虐・横暴　【亡】亡命・存亡　【貌】美貌・変貌		
モウ 1回 9コ	234 メイモウを打ち破る。	迷**妄**（みだり・でたらめ）	妄言・妄信・妄想
	235 権威にモウジュウする。	**盲**従（見えない・道理がわからない）	盲点・盲目
	▲【猛】猛然・勇猛　【網】網膜・網羅		
ユウ 2回 17コ	236 ユウチョウに構える。	**悠**長（はるか遠い・のんびり）	悠然・悠悠
	237 犯罪をユウハツする。	**誘**発（さそ―う）	誘拐・誘致・誘惑・誘導・勧誘
	238 諸国とのユウワをはかる。	**融**和（とける・滑らかに通る）	融解・融資・金融
	▲【幽】幽玄・幽谷　【遊】遊戯・浮遊　【雄】雄弁・雌雄　【憂】憂愁・憂慮		
ヨウ 5回 22コ	239 ヨクヨウのない話し方。	抑**揚**（あ―げる）	掲揚・高揚・意気揚々
	240 新人候補をヨウリツする。	**擁**立（抱きかかえる・守る）	擁護・抱擁
	241 チュウヨウを得た意見。	中**庸**（普通の・一般に通じる）	凡庸
	▲【揺】動揺・揺籃（ヨウラン）　【謡】謡曲・民謡　【妖】妖怪・妖艶		
リョウ 5回 16コ	242 文献をショウリョウする。	渉**猟**（かりをする・あさる）	猟師・狩猟
	243 金品をジュリョウする。	受**領**（おさめる・受け取る・土地）	領有・横領・綱領・宰領・要領
	244 昔のドウリョウに会う。	同**僚**（同列に並ぶ友達、仲間）	僚友・閣僚・官僚・幕僚
	▲【陵】陵墓・丘陵　【寮】寮生・寮母　【療】療養・治療		
レイ 1回 12コ	245 早起きをレイコウする。	**励**行（はげ―む）	激励・奨励・精励・督励
	246 レイサイ企業を経営する。	**零**細（落ちる・落ちぶれる・小さい）	零下・零落
	247 大国にレイゾクする。	**隷**属（つける・したがう・しもべ）	隷書・隷従
	▲【冷】冷却・冷淡　【霊】霊魂・霊長類　【齢】樹齢・妙齢　【麗】淡麗・美麗		
ロウ 0回 12コ	248 運命にホンロウされる。	翻**弄**（もてあそぶ）	玩弄・愚弄・嘲弄
	249 諸国をルロウする。	流**浪**（波・型にはまっていない）	浪曲・浪費・波浪・放浪
	250 砂上のロウカク。	**楼**閣（高くて大きい建物・やぐら）	鐘楼・望楼・摩天楼
	▲【朗】朗読・明朗　【廊】回廊・画廊　【籠】籠城・籠居		

語句	意味
1 アイデンティティ	自己同一性。(自分)**らしさ**。**存在の根拠**となるもの。　※《特徴》①文化や歴史を背負う。(日本人・関西人など)／②他者との関係で成立する。(先生・生徒など)
2 アイロニー	**皮肉**。**風刺**。反語。「一に満ちた作品」
3 アナクロニズム	**時代遅れ**。時代錯誤。「一な歴史観」
4 アナログ	**連続した数量**(例えば時間)**を、他の連続した数量**(例えば角度・砂の量)**で表示する**方式。　※⇔【デジタル】
5 アナロジー	類推。類比。未知の状況を、既知の類似した状況から推測すること。また、複雑なものごとを、同じ特徴を持った、もっと身近な物事に例えて説明すること。
6 アニミズム	**精霊崇拝**。自然界の事象に霊力が宿ると考える原始信仰。※日本の神道は、アニミズム的な思想背景を持つ。
7 アプリオリ	**先天的**。持って生まれたもの。　※⇔アポステリオリ
8 亜流(ありゅう)	**一流の真似**で、独創性がないこと。「彼は一に過ぎない」
9 依拠(いきょ)	先例や基準を**拠り所とする**こと。「先例に一する」
10 意匠(いしょう)	**趣向**。工夫。デザイン。「一を凝らした茶室」
11 一義的(いちぎてき)	①**一つだけの意味**しかないさま。(⇔多義的)／②**最も重要な意味**であるさま。(⇔二義的)　※【義】＝意味
12 イデア	①**観念**。理念。／②[哲学]事物を存在たらしめる**真の実在**。
13 イデオロギー	**政治・社会的思想**。人間の行動を決定する世界観や観念体系。
14 いぶかしい	【訝しい】**あやしい**。疑わしい。「彼の行動は、どこか一」
15 因襲〔因習〕(いんしゅう)	古くから続く、**悪いしきたり**。「一を打破する」
16 隠喩(いんゆ)	メタファー。比喩独特の言い回し(**まるで・ようだ・みたいな**・ごとしなど)**を使わない比喩**。　※「人生はまるで旅のようだ(直喩)」／「人生は旅である(隠喩)」
17 うそぶく	【嘯く】①とぼけて**知らないふりをする**。「平気な顔で一」／②偉そうに大きなことを言う。　※語源は「口笛を吹く」こと
18 演繹(えんえき)	**一つの大前提から、個々の判断を導きだす**思考法。　※[すべての生物は、いつか必ず死ぬ(大前提)]→「宮下先生も、いつか必ず死ぬ(判断)」　※⇔【帰納】
19 厭世主義(えんせいしゅぎ)	ペシミズム。物事を**悲観的**に考える立場。人生には**生きるだけの価値がない**とする考え。　※【厭】＝飽きる・嫌になる
20 諧謔(かいぎゃく)	**ユーモア**。気のきいた面白い言葉。「一の精神」
21 邂逅(かいこう)	**めぐりあい**。思いがけない出会い。「10年ぶりに一する」
22 乖離(かいり)	**そむき離れる**こと。「人心から一した悪政」
23 カオス	**混沌**。物事が秩序なく入り混じり、流動的な状態。※⇔【コスモス】＝物事が整然とまとまっている世界・宇宙

語句	意味
㉔ 画一的（かくいつてき）	個性や特色がなく、**すべてが一様であるさま**。型にはまっているさま。「若者の一なファッション」
㉕ 可塑性（かそせい）	柔軟に**変形できる**性質。外力を取りさっても、ゆがみが残る性質。「子供の頭脳は一が高い」　※【塑】＝粘土（を削る）
㉖ カタルシス	精神の**浄化作用**。　※［哲学］悲劇を鑑賞して涙を流したあと、心が少し軽快になる作用（アリストテレスによる）
㉗ 醸す（かもす）	ある状態を、**次第に生みだしていく**こと。「物議を一」
㉘ 甘受（かんじゅ）	**甘んじて受けいれる**こと。やむを得ないものとして、仕方なく受けいれること。「不利な条件を一する」
㉙ 感傷的（かんしょうてき）	センチメンタル。悲哀の感情に動かされ、**心がちょっぴり痛む**さま。「死んだ祖母を思いだし、一になる」
㉚ 陥穽（かんせい）	**落とし穴**。人をおとしいれる策略。わな。「敵の一にはまる」
㉛ 帰依（きえ）	**信じて力にすがる**こと。「仏道に一する」
㉜ 気概（きがい）	困難にもくじけない**強い意志**。「一のある人」
㉝ 気が置けない	気の置けない。遠慮や緊張がいらず、**親しみやすい**。「一仲間と朝まで飲む」
㉞ 既成（きせい）	**すでに成り立っている**こと。「一概念を疑え」
㉟ 機知〔機智〕（きち）	ウィット。その時と場合に応じて**とっさに働く知恵**。「一に富む会話」　※【機】＝きっかけ・タイミング
㊱ 帰納（きのう）	**個々の事例から、一つの普遍的真理を導きだす**思考法。 ※「人は死ぬ（事例Ａ）」「犬も死ぬ（事例Ｂ）」「昆布も死ぬ（事例Ｃ）」➡「すべての生物は死ぬ（真理）」　※⇔【演繹】
㊲ 機微（きび）	捉えがたい**微妙な事情や趣**。「人情の一に触れる」
㊳ 逆説（ぎゃくせつ）	パラドックス。**矛盾しているように見えて、じつは真理を突いている説**。　※［Ａであればあるほど（かえって・逆に・皮肉にも・同時に）Ｂ］といった構造になる。
㊴ 糾弾（きゅうだん）	**罪状を問いただして非難する**こと。「汚職を一する」 ※【糾】＝よじれを正す
㊵ 夾雑物（きょうざつぶつ）	ある物のなかに**混じりこんでいる余計なもの**。「一を取り除く」
㊶ 享受（きょうじゅ）	**受け取り味わう**こと。「自然の恵みを一する」　※【享】＝受ける
㊷ 虚構（きょこう）	フィクション。人間による**作りごと**。「国家制度は一である」
㊸ 挙措（きょそ）	**立ち居振る舞い**。「一を失う（＝取り乱した行いをする）」
㊹ 奇を衒う（きをてらう）	**一風変わったことをしてみせる**こと。「一・った小説」
㊺ 偶像（ぐうぞう）	**信仰の対象**とする、神仏をかたどった像。転じて、熱狂的な人気や崇拝の対象となるもの。「英雄を一視する」
㊻ 形骸（けいがい）	形だけを残して、**本質的な意味や価値を失ったもの**。「あらゆる制度は、時間と共に一化していく」

語句	意味
47 契機(けいき)	**きっかけ**。**動機**。「言論弾圧を一に、暴動が起こる」
48 形而上(けいじじょう)	形を超越し、感覚を通してはその存在を知ることができないもの。**抽象的・観念的なもの**。　※【形而上学】＝神学・哲学
49 稀有〔希有〕(けう)	**めったにない**こと。「一な出来事」　※【稀】＝まれ
50 衒学(げんがく)	ペダントリー。学問や**知識を**誇り、**人にひけらかす**こと。
51 顕在(けんざい)	**目に見える形にあらわれて存在する**こと。「潜在意識が一化する」　※【顕】＝あきらか・あらわす
52 恍惚(こうこつ)	心を奪われて、**うっとりする**さま。「一として聞き惚れる」
53 構造主義(こうぞうしゅぎ)	**人間の行動を**、社会や文化の潜在的な**構造に規定されるものとして捉える現代思想**。　※例えば「年賀状を出す」習慣は、個人の主体的行動ではなく、文化構造に規定された行動である。
54 拘泥(こうでい)	**こだわる**こと。「勝ち負けに一する」　※【拘】＝とらわれる
55 高踏(こうとう)	世俗を抜けだし、**高い次元に身を置く**こと。 ※【高踏派】＝森鷗外・夏目漱石
56 姑息(こそく)	**一時の間に合わせ**。その場逃れ。「一な手段」
57 語弊(ごへい)	**誤解を招く言い方**による弊害。「一があるかもしれません」
58 権化(ごんげ)	神仏、あるいは思想や精神が、**具体的な姿となって現れたもの**。化身。「悪の一」
59 コンテクスト	**文脈**。**前後関係**。**背景**。「太平洋戦争を一から読みとる」
60 暫時(ざんじ)	**しばらく**。少しの間。「一の猶予」　※【暫】＝しばら・く
61 恣意(しい)	**勝手気ままな心**。適当な思いつき。「一的な解釈」
62 自我(じが)	エゴ。認識・意思・行動などの**主体**として、**外界や他人と区別されて意識される自分**。「近代以前の日本において、一の意識は集団のなかに埋没していた」
63 忸怩(じくじ)	反省して、**深く恥じ入る**さま。「内心一たるものがある」
64 示唆(しさ)	**ほのめかす**こと。それとなくヒントを与えること。暗示。「総理大臣が、内閣の解散を一する」
65 市井(しせい)	人家の多く集まっているところ。**まち**。ちまた。「一の人(＝庶民)」　※井戸の周りに人が集まり、市ができたことから
66 桎梏(しっこく)	**自由を束縛するもの**。「彼氏の熱烈な愛情が一となる」 ※【桎】＝足かせ／【梏】＝手かせ
67 シニカル	**皮肉な態度**をとるさま。冷笑的。「一な態度」
68 修辞法(しゅうじほう)	レトリック。言葉の**表現技法**。措辞。　※【辞】＝ことば
69 趣向(しゅこう)	趣きや面白みを出すための**工夫**。「一を凝らした舞台装置」
70 出自(しゅつじ)	**出どころ**。生まれ。「語の一を明らかにする」
71 逡巡(しゅんじゅん)	ぐずぐずと**ためらう**こと。「一して、好機を逃した」

語句	意味
72 止揚(しよう)	アウフヘーベン。**矛盾・対立する二つの命題**を、**高いレベルで統一する**こと。弁証法。　※「食べたい(正)」+「痩せたい(反)」➡「アイスを食べながらジョギング(合)」
73 定石(じょうせき)	物事を処理するときに最善と考えられている、**決まった方法や手段**。「一通りに捜査する」　※もとは囲碁の用語
74 象徴(しょうちょう)	シンボル。形のない**抽象的観念や思想**を、**具体的な事物や形象に託して表現**すること。また、表現された物。※［平和➡ハト］［愛➡ハートマーク］［情熱➡赤］など
75 所作(しょさ)	**身のこなし**。しぐさ。動作。「舞妓さんの美しい一」
76 所産(しょさん)	あることの成果として**生みだされたもの**。「長年の努力の一」
77 所与(しょよ)	**はじめから与えられている条件**や前提。「不況を一の条件として受け止め、努力する」
78 心象(しんしょう)	**イメージ**。記憶・感覚などに基づいて心のなかに描き出される姿や像。「一風景」
79 シンメトリー	**左右対称**。「タージ・マハルは、一の美しい建築である」
80 推敲(すいこう)	詩や文章の**字句を何度も練り直す**こと。　※唐の詩人賈島(かとう)が、自作の詩句で、門を「推(おす)」にするか「敲(たたく)」にするかで非常に思い迷ったという故事から。
81 趨勢(すうせい)	**動向**。なりゆき。物事がある方向へ進んでいこうとする勢い。「時代の一に従う」
82 数寄〔数奇〕(すき)	茶の湯、生け花、和歌など、**風流・風雅を好む**こと。「一を凝らす」　※【数奇(すうき)】=不運・不遇
83 ステレオタイプ	(ステロタイプ)考え方や表現が**型にはまっていて新鮮味がない**こと。紋切り型。「一な見解」　※もとは、印刷の鉛版
84 世間(せけん)	情的につながる、**身近な人々の集まり**。また、そこから醸成される規範や雰囲気。　※【社会】=政治や経済のシステムによって関連する、個人の集まり。
85 折衷(せっちゅう)	両方の**よいところをミックスさせる**こと。「和洋一の住宅」
86 刹那(せつな)	**瞬間**。極めて短い時間。　※【刹那主義】=過去や将来を考えず、今さえ充実していればよいとする考え方。
87 摂理(せつり)	**万物を治め支配している法則**。「自然の一に従う」
88 前衛(ぜんえい)	アバンギャルド。芸術活動で、既成の観念や形式を壊し、**先進的・実験的な創作**を試みること。「一芸術家」
89 漸次(ぜんじ)	**次第に**。だんだんと。「景気が一上昇する」※【漸】=ようや・く
90 煽動〔扇動〕(せんどう)	アジテーション。人の**気持ちをあおり立てて**、ある行動を起こすように仕向けること。「群衆を一する」
91 造化(ぞうか)	天地万物の創造主。また、創りだされた**自然**・天地・宇宙。

語句	意味
92 造詣（ぞうけい）	学問・芸術・技術など、ある分野について**広い知識と深い理解を持っている**こと。「伝統芸能に―が深い」
93 相克〔相剋〕（そうこく）	対立する二つのものが、**互いに勝とうとして争う**こと。「理想と現実の―」　※【克】＝勝つ
94 相殺（そうさい）	**プラスマイナス、ゼロにする**こと。「借金を―する」「二人の魅力が―されてしまう」
95 齟齬（そご）	**くいちがい**。ものごとがうまくかみ合わないこと。「感情に―をきたす」　※上下の歯が合わない意から
96 体系（たいけい）	**システム**。一定の原理で組織された統一的全体。「言語―」
97 対象（たいしょう）	**目標**。**相手**。「受験生―の番組」　※【対照】＝二つを照らしあわせること。また、その違いが際立つさま。「―的な性格」 ※【対称】＝釣りあっていること。「左右―」
98 頽廃〔退廃〕的（たいはいてき）	デカダンス。人心が荒れ、**道徳や健全さが失われている**さま。「―なムード」
99 短絡（たんらく）	論理を踏まえず、**原因と結果を安易に結びつけてしまう**こと。「―的な発想」
100 秩序（ちつじょ）	**ルール**。物事の正しい順序。「社会―を乱す」
101 中庸（ちゅうよう）	特定の考えや立場に偏らず、**中正である**こと。行きすぎや不足がなく、常に調和がとれていること。「―を得た意見」
102 月並み（つきなみ）	**ありきたり**なこと。新味がなくて、平凡なこと。「―な表現」 ※正岡子規による俳諧批判から生まれた言葉
103 テーゼ	**判断や主張**。定立。措定。　※⇔【アンチテーゼ】
104 等閑（とうかん）	**物事を軽視**して、**いい加減に扱う**こと。なおざり。「忠告を―に付す」「―視」
105 投機（とうき）	ギャンブル的に、**当たれば大きい利益を狙って**する行為。「―的な事業」
106 淘汰（とうた）	競争の末、**不適合なものを排除**すること。「自然―される」
107 ドグマ	宗教的な教義。転じて、**独断的な意見や説**。　※≒【教条的】
108 ニヒリズム	**虚無主義**。実在する真理や、既成の社会的秩序・国家権威などを否定する立場。
109 ノスタルジー	**郷愁**。遠く離れた故郷や、過ぎ去った昔を懐かしむ気持ち。
110 バイアス	**偏見**。偏った見解。「―がかかった見方」
111 パトス	①［哲学］苦しみ・受難。／②瞬間的な**感情**・**感性**。 ※【エートス】＝恒常的な性格　※【ロゴス】＝言語・論理・理性
112 パラダイム	ある時代・地域において支配的な**思考の枠組み**。 ※【パラダイムシフト】＝「天動説➡地動説」のように、認識や思想、社会全体の価値観などが革命的に変化すること。
113 反芻（はんすう）	一つのことを**繰りかえし考え、よく味わう**こと。「恩師の言葉を―する」　※牛が、飲みこんだ食物を再び噛み直すことから

語句	意味
114 ヒエラルキー	（ヒエラルヒー）上下関係によって**ピラミッド型に序列化された組織**。 ※中世の封建制度や、今日の軍隊組織や官僚制など
115 彼岸（ひがん）	**あの世**。向こう岸。「一に往生する」 ※⇔【此岸（しがん）】
116 畢竟（ひっきょう）	**つまり**。「一するに（＝結局のところ）」
117 表象（ひょうしょう）	**象徴**。知覚に基づいて心に思い浮かべる外界の**イメージ**。「解放された精神を一する造形物」 ※【象】＝かたち
118 フェミニズム	**女性解放論**。性差別を廃止し、抑えられていた女性に権利を拡張しようとする思想。
119 敷衍（ふえん）	意味・趣旨などを**押し広げて詳しく述べる**こと。また、たとえなどを用いて易しく述べること。「論旨を一して説明する」
120 俯瞰（ふかん）	**高所から見下ろして眺める**こと。全体を上から見ること。鳥瞰。「山頂から町を一する」「一図」
121 腐心（ふしん）	ある事を成し遂げるために、**あれこれと心を使う**こと。苦心。「事業再建に一する」
122 不遜（ふそん）	**思いあがっている**こと。謙虚でないこと。「一な態度」
123 不如意（ふにょい）	**思い通りにならない**こと。「手元一（＝金の工面がつかず、生活が困難なこと）」 ※［意の如くならず］
124 無聊（ぶりょう）	**退屈**なこと。心が楽しまないこと。気が晴れないこと。また、そのさま。「一を慰める」「一な（の）日々」
125 プロレタリアート	**労働者階級**。無産階級。資本主義社会で、自分の労働力を資本家に売ることにより生活する階級。 ※⇔【ブルジョアジー】
126 紛糾（ふんきゅう）	物事が**もつれて、まとまらない**こと。「議論が一する」
127 閉口（へいこう）	相手の出方やその時の状況などのために、**手の打ちようもなく困らされる**こと。「彼のしつこさには一する」
128 便宜（べんぎ）	**都合がよい**こと。便利のよいこと。また、その人にとって都合のよい処置。「消費者の一をはかる」
129 萌芽（ほうが）	草木が芽を出すこと。**めばえ**。転じて、新たに物事が起こりはじめること。**きざし**。「近代文明の一」
130 彷徨（ほうこう）	**さまよう**こと。あてもなく歩き回ること。「夜更けの一」
131 放蕩（ほうとう）	**酒や女遊びにおぼれる**こと。「一して家を潰す」「一息子」
132 墨守（ぼくしゅ）	古い習慣や自説を**固く守りつづける**こと。「旧説を一する」 ※思想家の墨子が、宋の城を楚（そ）の攻撃から九度にわたって守ったという故事から。
133 ポストモダン	芸術や思想の分野で、近代主義（合理主義・機能主義）を超えようとする傾向。 ※【ポストモダン建築】装飾性・折衷性を特徴とする建築（東京都庁舎・フジテレビ本社など）
134 牧歌的（ぼっかてき）	牧歌のように**素朴で抒情的**なさま。「一な風景」
135 ポピュリズム	**大衆迎合主義**。大衆の利益や権利、願望を代弁し、大衆の支持を得ようとする政治姿勢。 ※信念による政治姿勢ではない

語句	意味
136 凡庸(ぼんよう)	**平凡**で、優れたところがないこと。「一な作品」
137 未曾有(みぞう)	**今までに一度もなかった**こと。「一の大災害」 ※[未(いま)だ曾(かつ)て有らず]
138 無常(むじょう)	**生あるものは必ず滅び、不変・常住のものはない**ということ。※『平家物語』『徒然草』『方丈記』など、日本の中世文学の重要テーマとなっている
139 名状し難い(めいじょうしがたい)	状態を**言葉で言い表すのが難しい**。「一美しさに陶然とする」※≒【言いしれぬ】【曰く言い難い】【筆舌に尽くし難い】
140 命題(めいだい)	**判断の内容**を言語で表したもの。論理学で、真または偽を問う文。 ※[Aは、Bである]という形式をとる
141 模倣(もほう)	**まねる**こと。似せること。「ローマン様式を一する」「一犯」※【模】=型 【倣】=なら・う
142 モラトリアム	知的・肉体的には成人していながら、社会人としての義務や責任を課せられないでいる**猶予の期間**。また、そこにとどまろうとする心理状態。「一人間」
143 揶揄(やゆ)	**からかう**こと。「一嘲弄する」
144 有機的(ゆうきてき)	(一つの有機体のように)各部分が**密接に関連**しあいながら、全体として**統一的に機能している**さま。血が通っているさま。「一な構造」 ※⇔【無機的】=生命感がなく、冷たいさま
145 幽玄(ゆうげん)	言葉に表されない、**深く優雅な趣**。余情。 ※日本の文学論・歌論・能楽論の理念
146 ラディカル	(ラジカル)①**過激で急進的**なさま。「一な行動」/②根本的であるさま「一な原理」
147 理性(りせい)	感情や主観の影響を排して、**筋道立てて客観的に思考・判断**し行動する能力。真偽、善悪を識別する能力。 ※古来、人間と動物を区別する能力として重視されてきた ※⇔【感性】
148 リテラシー	**読み書きの能力**。 ※【メディア・リテラシー】=情報メディアから主体的に必要な情報を引きだし、真偽を見ぬいて活用する能力。現代では、とりわけ重要な概念となりつつある
149 理念(りねん)	①物事が**どうあるべきかについての根本的な考え方**。「創業の一」/②[哲学]イデア。
150 吝嗇(りんしょく)	**けち**。ひどく物惜しみをすること。「一家」

出典リスト

加藤周一『文学とは何か』角川学芸出版
河合隼雄『イメージの心理学』青土社
山下　勲『世界と人間』晃洋書房
香川雅信『江戸の妖怪革命』角川学芸出版
井上　靖「姨捨」『井上靖集』《筑摩現代文学大系70》所収　筑摩書房
原　広司『空間〈機能から様相へ〉』岩波書店
中沢けい『楽隊のうさぎ』新潮文庫
岩井克人「資本主義と「人間」」『二十一世紀の資本主義論』所収　筑摩書房
栗原　彬「かんけりの政治学」『政治のフォークロア―多声体的叙法』所収　新曜社
馬場あき子「おんなの鬼」『馬場あき子全集〈第十二巻〉エッセイ 二』所収　三一書房
鷲田清一「身ぶりの消失」『感覚の幽い風景』所収　紀伊國屋書店
浜田寿美男『「私」とは何か』講談社
堀江敏幸「送り火」『雪沼とその周辺』所収　新潮文庫
阿部　昭「司令の休暇」『昭和文学全集　第30巻』所収　小学館
齋藤希史『漢文脈と近代日本―もう一つのことばの世界』ＮＨＫ出版
森　鷗外「護持院原の敵討」
野呂邦暢「白桃」『白桃　野呂邦暢短篇選』《大人の本棚》豊田健次編（２０１１年刊）所収　みすず書房
太宰　治『故郷』
遠藤周作「肉親再会」『遠藤周作文学全集　第七巻　短篇小説Ⅱ』所収　新潮社
日野啓三「風を讃えよ」『日野啓三短篇選集　上巻』所収　読売新聞社
山田詠美「眠れる分度器」『ぼくは勉強ができない』所収　新潮文庫
名和小太郎『著作権２・０　ウェブ時代の文化発展をめざして』ＮＴＴ出版
加能作次郎「羽織と時計」
宮島新三郎「師走文壇の一瞥」
吉岡　洋「スタイルと情報」『スタイルの詩学―倫理学と美学の交叉(キアスム)―』所収　ナカニシヤ出版
色川武大「雀」『遠景　雀　復活』所収　講談社

宮下　善紀（みやした　よしのり）

京都市出身。横浜国立大学教育学部美術科卒。大学時代は劇団を主宰。さらに漫才師を目指すも、なかなか壁を突破できず。そんな中、時給が良いからと続けていた塾講師の楽しさを抑えられなくなり、国語一本で生きることを決心。東進ハイスクール、代々木ゼミナール等の教壇に立つ。代ゼミでは、国語科で４年連続アンケート１位を獲得。現在は学内予備校ＲＧＢサリヴァンを拠点に、現代文・小論文、さらには「ビジネス文書講座」から「中学受験（御三家クラス）」まで、幅広く節操なく「国語」の指導にあたる。前著『最短10時間で９割とれる　センター現代文のスゴ技』（KADOKAWA）はベストセラーとなり、多くの受験生から好評を博した。

最短１０時間で９割とれる 共通テスト現代文のスゴ技

2021年12月10日　初版発行
2022年10月10日　４版発行

著者／宮下　善紀

発行者／青柳　昌行

発行／株式会社KADOKAWA
〒102-8177　東京都千代田区富士見2-13-3
電話　0570-002-301（ナビダイヤル）

印刷所／株式会社加藤文明社印刷所

●お問い合わせ
https://www.kadokawa.co.jp/（「お問い合わせ」へお進みください）
※内容によっては、お答えできない場合があります。
※サポートは日本国内のみとさせていただきます。
※Japanese text only

定価はカバーに表示してあります。

ISBN 978-4-04-604264-4　C7081